KB272482

래퍼와 공원

래퍼와 공원

래퍼와 공원

독립하는
이들을 위한
선물의
인류학

송재홍

민음사

대학원 입학과 함께 결혼식을 올리면서 나의 인류학 여정이 시작되었다. 이 글은 대구의 래퍼들에 대한 현장연구 기록이자 그들에게 배우면서 결혼 생활의 어려움을 헤쳐 나간 나의 이야기다.

타인의 삶을 서술하고 분석하기 위해 현장에 직접 참여하고 관찰하는 인류학은 필연적으로 연구자 본인을 주요 도구로 활용한다. 하지만 정작 그 도구가 어떤 부침을 겪는지, 어떤 몸과 마음으로 연구에 임하는지를 돌아보는 일은 다소 부차적으로 고려된다. 인류학의 목적 중

하나는 사람들과 함께하며 그들의 삶을 배우는 것이다. 그런데 그걸 배워서 무엇이 달라지는 가? 배운 사람은 어떻게 달라지는가? 인류학을 한 사람들, 연구의 주체이자 도구인 자기 자신은 과연 어떻게 변화하는가? 나는 쉽게 떨쳐낼 수 없는 이 질문들에 답해 보고자 했다.

이 책은 한 어리숙한 인간의 때늦은 독립과 때 이른 결혼이 만나는 곳에서 출발했다. 나와 현영이를, 그리고 양가를 하나로 묶어 주는 결혼에서 독립은 불가피했다. 그러나 온실 속 화초로 자라난 나는 결혼과 함께 부모의 안전한 품에서 어떻게 독립해야 할지 막막했다. 그때 나의 연구 현장인 대구 힙합 신의 래퍼들로부터 서로 의존하며 독립하는 방법을 배웠다.

래퍼들은 프리스타일로 자기에 대해 말하고 자신을 만들었다. 이들의 솔직함과 즐거움은 힙합 리듬을 타고 도시의 공원을 넘나들며 함께 홀로 설 수 있는 땅, 즉 힙합 신의 경작으로 이어졌다. 나는 지원받아 결혼하기 전까지 부모님께 독립하겠다고 당당히 말하지 못했다. 그래서일까. 래퍼들의 용기 있는 태도가 내게 절실히 필요했다.

공원이라는 땅을 떠올린다. 대구의 국채보상운동기념공원은 서로 다른 삶의 형태를 지닌 다양한 사람들이 모여 힙합이라는 이름으로 하나의 몸짓이 되는 장소였다. 마치 독립 만세를 외치는 사람들처럼. 한편 나는 우리 부부의 독립을 위해 '노래 공원'이라는 부부의 이름을 발명했다. 지금은 그저 별명에 불과하지만, 래퍼의 공원처럼 부부의 독립운동을 위한 기반이 되어줄 것이라 믿어 의심치 않는다. 내가 꿈꾸는 것은 부모님과 우리 부부가 함께 홀로 서는 독립이다.

어쩌면 독립은 다들 한 번쯤은 겪어야만 하는, 삶의 여정에서 일으키는 물보라일 것이다. 내가 프리스타일로 나의 이야기를 풀어놓았듯 이 책을 읽는 분들 역시 자신의 이야기를 프리스타일로 내뱉을 용기를 가질 수 있길 바란다. 이 책이 그런 말하기를 가능하게 하는 공원이 되었으면 좋겠다.

차례

1장

결혼과 선물

유난히 선선했던 8월 여름날의 졸업식. 현영이가 도착했다. 부모님으로부터는 길이 막혀 늦게 도착하리라는 전화가 왔다. 졸업식 소감문을 며칠에 걸쳐 고쳐 썼는지 모르겠다. 차라리 부모님이 식장에 안 오시는 게 낫겠다는 생각도 했다. 부모님보다 먼저 나 자신에게 감사하다는 말로 운을 뗐으니.

결혼식은 그로부터 3년 전이었다. 성인이 되어서도 부모님과 함께 살면서 한 번도 독립해서 살아 본 적 없던 나는 어엿한 성인인 양 결혼식을 올렸다. 한껏 꾸민 어머니의 얼굴을 보니 왜 아버지가 입에 침이 마르도록 예뻐서 어머니와 결혼했다고 말했는지 이해할 수 있었다. 아버지의 짙은 눈썹과 또렷한 눈매도 여전했다. 신부 화장을 쑥스러워하는 현영이는 친구들과 이야기하며 활짝 웃고 있었다. 어린애 같았던 네 살 터울 동생은 어느새 듬직하게 커서 식 진행을 도와주었다.

"하나, 둘, 셋." 찰칵! 찰칵!

"자, 다시 한번 찍을게요. 여기 보고 활짝 웃어주세요. 김치!"

찰칵!

새로운 공동체의 시작을 알리는 축포였다. 신랑과 신부를 중심으로 양가가 차례대로 결혼사진에 담겼다. 하도 웃다 보니 턱이 아플 지경이었다. 결혼한다는 사실이 실감 났다.

이날 결혼식을 시작으로 기념일이 수없이 이어졌다. 내 생일, 부모님 생일, 현영이 생일, 동생 생일, 부모님 결혼기념일, 우리 부부 결혼기념일. 이벤트도 많았다. 동생이 입대해서, 아버지 회사가 수주를 달성해서, 신년이라, 연말이라, 제철 음식을 함께 먹으러……. 우리 가족은 자주 한자리에 모여 값진 선물들을 주고받았다. 부모님은 아들 부부를 예뻐해 주셨고, 주고픈 것이 참 많으셨다. 나와 현영이도 감사한 마음으로 부모님의 선물을 받았다. 그러나 우리는 그때까지만 해도 그 선물들의 의미를 잘 알지 못했다.

하루는 어머니가 김치 냉장고를 우리 부부에게 주려 했다. 김장철을 맞이하기 직전 새 냉장고를 구매하면서 쓰던 냉장고를 보내려던 것이었다. 회사 일로 바쁜 현영이와 수업을 따라가기 벅찬 나는 냉장고를 받는다면 언제 받을 것인지, 어떻게 받을 것인지 미처 생각하지 못했다. 일을 빨리 진행하고 싶었던 어머니는 기다리기 답답한 마음에 전화로 우릴 나무랐다. 나는 그때 처음으로 전부터 느껴 왔던 선물을 받는 일의 부담에 대해서 토로했다. 자식에게 한없이 주는 것이 인생의 낙이었던 어머니는 체

면을 구겼을 테다. 주고받는 일은 뭐든 값진 일이라고 믿었던 우리 가족의 생리에 처음으로 금이 갔다.

아버지는 이 일을 계기로 우리 부부에게 뭔가 문제가 있다고 느꼈던 것 같다. 어머니와 잘 지낼 줄 알았던 내가 다른 것도 아닌 선물을 받는 일 때문에 불편을 토로했다는 사실을 잘 이해하지 못했다. 장남에 대한 기대가 컸던 아버지는 장남의 미래에 도움이 되는 것이 당신의 인생에서 제일 중요한 일이라고 생각했다. 그 덕분에 우리 부부는 결혼 전부터 부모님 명의의 집에 들어가 신혼 생활을 시작하는 행운을 누릴 수 있었다. 행복하지 않으면 이상한 상황이었다. 우리가 받은 선물에는 모두가 행복한 미래가 담겨 있었다. 그런데도 선물이 부담스럽다니.

나는 두 분의 사랑을 느끼는 동시에 부모님이 자신들의 삶에서 받지 못하고 이루지 못했던 것을 나의 삶을 통해서 해소하고 이룩하려 한다고 생각했다. 그럴 수 있다. 내가 앞으로 이뤄 갈 꿈과 부모님의 꿈이 같다면, 우리가 박자를 잘 맞춰 가면 되는 일 아닌가.

그러나 부모님은 여러모로 급했다. 결혼 이후로 점점 변해 가는 착하고 순진한 장남. 출산을 통해 새롭게 세워 가야 할 가문의 전통. 이런 주제는 우리 부부의 삶을 일종의 회계장부 위에 올려놓았다. 함께 식사하는 자리는 어느새 미래를 위해 우리가 제대로 가고 있는지 검사받는 회의장이 되었다. 걱정과 통제를 미묘하게 오가는 대화는 부부와 가족 전체를 위한다는 목적에서 이루어졌다. 체중을 줄이고 일을 줄이고 공부를 줄이고 '가족'의 활동을 삶의 중심으로 삼아라.

결국 부모님은 불분명한 결혼의 성격을 확실히 정하자는 제안을 했다. 지원받은 결혼은 부모와 자식이 맺은 계약이다. 그리고 계약서에는 자녀를 빨리 가질 의무가 쓰여 있다. 부모님은 나와 현영이는 있는 줄도 몰랐던 계약서의 세부 사항에 줄을 벅벅 긋기 시작했다.

부모님과의 갈등은 당연하게도 나와 현영이 사이의 갈등으로 이어졌다. 둘의 관계를 위해서라도 부모님과의 관계를 회복해야 했다. 착하고 충직한 장남은 부모님에게 이 문제를 논의하러 갔다. 부모님은 당신들께서 믿어 온 희생과 사랑의 원리를 내게 알려주었다. 과연 현영이가 나를 사랑하는 것이 맞는지 확인해 보라는 말이었다. 이 상황에서 희생하지 않는 며느리가 남편을 과연 제대로 사랑하는 것이 맞는지, 서로에게 필요한 사랑을 주는 것인지, 진지하게 대화를 나눠 보라고.

부모님의 말씀에 1퍼센트의 진심이 있을 수 있다고 생각했다. 어쩌면 나와 현영이는 단 한 번도 서로가 사랑하는 방식에 문제가 있는지 검토해 본 적이 없을지 몰라. 집으로 돌아가 현영이에게 우리의 사랑을 돌아보자고 했다. 현영이는 정말 서럽게 울었다. 마치 이 세상에 유일하게 믿었던 한 사람에게 버려진 사람처럼 울었다. 처음 보는 모습이었다. 나는 더 이상 이래서는 안 된다고 생각했다.

왜 결혼했는지 돌아보았다. 그냥 둘이 함께 살아가고 싶은 마음뿐이었다. 거기에는 아무것도 돌아볼 것이 없었다. 내 자유가 침식되어 가고 있음을 깨달았다. 나는 그냥 현영이를 사랑해도 된다. 아무런 조건 없이. 내가 태어나 살아가는 이유도 그러하듯이. 우리는 서로 껴안고 하염없이 울었다.

그 자리에서 아버지에게 전화를 걸었다. 아버지의 목소리 너머에서 어머니의 목소리가 들려왔다. "봐요. 이혼 안 한다고 했잖아."

부모님이 말한 사랑의 원리란 나를 부모와 현영이 중 하나를 선택하라는 기로에 세우는 것임을 뒤늦게 알았다. 그것은 아마 순수한 사랑이었을 테다. 그러나 나는 그 순수를 더는 지켜줄 수 없었다. 연락은 더 없이 끊겼다.

돌이켜 보면 우리 부부가 받았던 것은 검은 유리로 된 선물 상자가 아니었을까. 요령이 없

는 우리는 그 선물을 제대로 받지 못했고, 상자
는 바닥에 떨어져 산산조각이 났다. 흐트러진
유리 조각들 사이로 잘 보이지 않던 것들이 조
금씩 보이기 시작했다. 사랑만 있는 것은 아니
었다. 서로에게 값진 것만 줄 거라는 믿음. 정해
진 미래를 향한 지원. 효율적인 성과를 위해 며
느리는 희생하라는 요구. 부모님의 값진 선물에
는 우리가 져야 할 빚이 그득 담겨 있었다.

　　인류학을 배우면서 알게 된 진리가 있다.
바로 공짜 선물은 없다는 것. 이때의 선물은 물
건일 수도 있고, 말이나 호의 심지어 영혼일 수
도 있다. 모든 선물은 답례라는 의무로 강제되
는, 보이지 않는 '계약'의 영향 아래 있다.[1] 하지

1　　프랑스 인류학자 마르셀 모스는 원시사회에서 발견되는
　　선물 교환의 사례들을 분석하면서 서구 정치철학에서 정
　　립한 사회계약의 의미를 다시 정의한다. 그에 따르면, 독립
　　된 개인들이 자유로운 상황에서 참여하여 계약이 성립하
　　는 것이 아니라, 도덕적 의무와 사회적 구속에 영향받는 상
　　황 자체가 이미 '계약'처럼 전제되는 것이다. 마르셀 모스,
　　박세진 옮김, 『증여론』(파이돈, 2025).

만 더욱 골치 아픈 사실은 주고, 받고, 돌려줘야 하는 이해관계 속에서 순환하는 선물이 주는 이의 의도대로 도달하지 못할 수도 있다는 것이다. 선물은 마치 수취인불명의 편지와 같아서 본래의 갈 길을 잃을 수도 있다.

처음 자전거 타는 법을 배운 때를 떠올려 본다. 아버지는 나에게 생애 첫 자전거를 선물하기 위해 고향 익산에서 전주까지 장장 30킬로미터 거리를 땡볕에 벌게진 몸으로 자전거를 타고 왔다. 자전거를 건네받은 나는 아버지와 어머니가 선보인 멋진 솜씨를 보며 따릉따릉 자전거 타는 법을 익혔다. 인라인스케이트를 탔던 동생은 크릉크릉 대며 공원을 신나게 돌아다녔다. 이때의 나는 알지 못했다. 그 자전거에는 단순한 선물 그 이상의 의미가 있었음을.

시간이 흘러 자전거는 낡고 촌스러워졌다. 자전거를 타고 등하교하는 1년 내내 유행하는 신상 자전거를 탄 친구들이 나를 놀려 댔다. 친구들에게 더는 놀림당하고 싶지 않은 마음에 나는 학원 근처 공터에 몰래 자전거를 두고 왔다. 아버지에게는 무서운 고등학생 형들이 빼앗아 갔다고 거짓말했다. 분노에 찬 아버지는 나를 끌고 곧장 범죄 현장으로 갔다. 누가, 언제, 어 떻게 자전거를 빼앗았는지 상세히 밝히라고 했 다. 빠져나갈 구멍이 없는 추궁에 꼼짝없이 갇 힌 나는 진실을 실토했다. 그날 내 엉덩이에는 부모님에게 거짓말을 하면 안 된다는 빨간 줄이 그어졌다.

지금 나는 당시 아버지의 분노를 이해한다. 어린 나는 자전거라는 선물에 담긴 아버지의 영 혼을 인식하지 못했다. 내가 공터에 자전거를 버린 순간, 아버지의 벌게진 몸과 아들에게 선 물을 줄 생각에 들떠 발그레진 볼처럼 자전거에 얽힌 모든 추억이 수취인불명의 편지가 되어 갈 길을 잃어버린 것이다.

선물은 버려지듯 사라지고, 실망스럽거나 부담스럽고, 예상치 못한 다른 곳에 전달될 수 있다는 점에서 순수하다. 갓 세탁한 하얀 옷, 백

설기처럼 새하얀 눈밭이 찰나에만 존재하는 것
처럼. 티끌만 한 오점으로도 순식간에 더럽혀지
는 약하디약한 하양. 이는 소통이 제대로 이루
어진다면 기적이라는 말과도 같다. 완전한 소통
이 애초에 불가능하다는 사실은 순수한 비극이
다. 순수한 선물은 순수한 비극이다.

노래 공원의 발명

졸업식이 끝나고 뒤늦게 부모님이 도착했다. 연락이 묘연해지고 한두 해가 지난 후 갑작스레 만나게 된 우리는 캠퍼스 곳곳에서 어색하게 굳은 모습으로 졸업사진을 찍었다. 아버지는 기쁜 날에 어울리지 않는 어색한 미소를 지었다. 화사한 연두색 원피스를 입은 어머니는 아무 일 없는 듯 미소를 지었지만 씁쓸함이 배어 나왔다. 현영이도 마찬가지로 최선을 다해서 내게 소중한 추억을 남겨 주려고 노력했다. 나는 여러 고난 속에서도 무사히 졸업했다는 사실이 자랑스러웠지만, 한편으로 이토록 처연한 졸업사진을 남기면서 알 수 없는 부끄러움이 밀려왔다.

결혼식 날 가족사진 속 우리는 모두 한곳을 바라보았을 텐데. 화려한 조명이 비쳐 생글대던, 선명하고 확신에 찬 눈빛들. 하지만 졸업식 날 우리는 사뭇 다른 분위기에서 다른 곳을 보고 있었다. 사진 속 초점 잃은 눈빛들은 한곳에 집중하지 못했다.

마주 보고 대화를 나누기 위해 카페로 들어갔다. 주문한 차가 나오고 내가 한 모금을 채 삼키기도 전에 아버지는 말했다. "우리는 바뀔 필요가 없다." 호탕하게 말했지만, 그 속에는 아버지의 선물을 버리거나 거부한 장남에 대한 실망과 두려움이 엿보였다.

충격이었다. '필요 없다'라는 표현에서 아버지가 가족 관계를 생각하는 방식이 느껴졌다. 아버지에게 가족 관계는 위계에 기초한 것이었다. 아버지와 어머니의 위치는 자녀의 위치와 명확히 다르다. 윗사람이 설정한 관계를 아랫사람은 그대로 따라야 한다.

　어쩌면 아랫사람이 바뀌면 윗사람도 바뀌어야 한다는 두려움에 대한 자기방어가 '필요 없다'라는 말로 드러난 것일까. 아버지는 아들 부부와 교류하더라도 자신은 변하지 않을 것이라 주장한 셈이다. 관계의 변화를 위해 우리 부부가 준비했던 수많은 말은 분노로 바뀌어 이내 사라져 버렸다. 나는 그저 나와 현영이만 바뀌면 된다는 아버지의 결론을 받아들이지 않았다. 연락은 또 다시 끊겼다.

　부모님과 경제적·물리적으로 완전히 분리된 이후로, 나와 현영이는 부부의 미래를 있는 그대로 다시 볼 수 있게 되었다. 부모님을 마주칠 때마다 겪은 갈등과 마음 졸임에서 벗어났지만, 장밋빛 미래가 곧바로 펼쳐진 것은 아니었다. 마음과 몸이 많이 상한 현영이는 수술과 치료를 받으며 회복해야 했고, 나는 졸업식 날 만남 이후 커진 부모님을 향한 분노의 소용돌이에서 빠져나오는 데 애를 먹었다. 나와 현영이는 피해자이고 부모님은 가해자라는 생각에서 벗어나기 어려웠다.

창문 밖으로 담쟁이덩굴이 보이는 한 작은 카페에서 나와 현영이는 많은 이야기를 나눴다. 현영이는 말했다. 피해자라고 생각해서는 더는 할 수 있는 일이 없다고. 우리가 받아온 상처의 수와 깊이를 헤아리는 일만 하고 있을 수는 없다고. 정처 없는 분노와 우울로부터 벗어나기 위해서라도 새로운 틀이 필요했다.

부모님을 적대시하는 것도, 스스로를 피해자에 한정하는 것도 아니면서 우리 부부의 고유성을 세우고 유지하는 것. 그것이 곧 독립이었다. 우리에게 필요한 것은 독립운동이었다. 독립운동의 첫발을 떼면서 이를 기념하는 의례가 필요하다는 생각이 들었다. 우리를 지칭하기 위한 새로운 이름을 짓고 싶었다. 생각해 보니 결혼 제도를 통해 하나의 존재 단위가 되기로 서약했으면서도 막상 그 존재를 지칭할 특별한 이름을 부여하진 않았다.

나와 현영이는 이 생각을 계기로 계약으로서 결혼을 멈추고, 독립으로서 결혼을 이어 가기로 했다. 독립을 선언하고 우리 부부는 노래공원(Song Park)이라는 이름을 내걸었다. 서로의 성을 따서 만든 우리의 귀여운 별명, 새로운 결혼 생활을 위한 의례적 발명이었다.

물론 그렇다고 우리가 독립을 성취했다는 건 아니다. 그런데도 왜 이름을 먼저 발명하냐고 묻는다면 독립을 선언한다는 건 애초에 그런 것이라고 답할 수밖에 없다.

대한민국	1919년 3월 1일
베트남	1945년 9월 2일
필리핀	1898년 6월 12일
방글라데시	1971년 3월 26일
라오스	1945년 10월 12일
인도네시아	1945년 8월 17일

아시아 국가들의 독립선언일. 이 날짜들에 이 나라들은 독립을 선언 혹은 발명했다. 그 후 어떤 나라는 수십 년을 기다렸고 어떤 나라는 전쟁을 치르며 독립운동을 했다. 한 나라의 이름을 내걸고 독립운동의 시작을 알리는 선언은 분명 의미심장한 의례적 발명이다. 한국은 광복절과 함께 삼일절을 기념한다. 인도네시아는 독립선언일 자체를 독립기념일로 지정했다. 일제가 항복하고 이틀 뒤인 1945년 8월 17일 인도네시아는 '인도네시아'의 이름으로 독립을 선포했다. 그 후 4년간 식민 제국 네덜란드와의 전쟁이라는 지난한 독립운동을 치렀지만, 끝내 국제 사회의 승인을 받은 독립 국가가 된다.

독립운동은 개인, 부부, 국가가 하나의 존재 단위로 인정받기 위한 중요한 과업이다.

노래 공원　　　2023년 3월 10일

노래 공원의 독립선언일. 우리의 이름을 발

명한 날. 그러나 노래 공원이 실질적 독립을 성취하려면 한 국가에 대한 국제 사회의 독립 승인에 값하는 일, 즉 부모님의 인정이 필요했다. 우리는 이미 법적 부부였고 결혼식이라는 버젓한 의례도 치렀다. 그러나 그것만으로는 충분하지 않았다. 우리 부부는 부모님의 자녀라는 아랫사람으로서만 살아가고 있었다. 우리는 새로운 결혼을 발명해야 했다. 이제 결혼은 독립운동이었다.

인류학 연구 과정에서 만난 래퍼와 현장은 나의 독립운동에 큰 영향을 미쳤다. 자녀와 인류학자는 모두 기본적으로 '받는 사람'이다. 자녀는 부모에게서 받고, 인류학자는 현장과 연구 참여자에게서 받는다. 자녀와 인류학자 모두 필연적으로 선물 관계에 얽매어 있다. 어떤 인류학자는 현장에서 만난 사람들과 가족처럼 친밀한 관계를 맺기도 한다. 그러나 자녀가 성인이 되면 독립해 나가듯이, 인류학자도 언젠가는 현장에서 벗어나 자신의 경험을 객관화해야 한다.

나는 이 글을 통해 갚을 수 없는 선물을 받은 자녀와 인류학자가 어떻게 주는 사람이 되는지 살펴보려고 한다.

이러한 시도는 선물을 어떻게 이해할 것인지를 묻는 일이기도 하다. 부모와 연구 참여자는 선물을 주는 일을 어떻게 해석하는가? 그리고 그 선물을 받는 일은 자녀와 인류학자에게 어떤 의미를 지니는가? 앞서 살펴보았듯이 선물은 순수하게 전달될 수 없다는 점에서 순수하다. 선물의 힘은 때로 사람을 압도하지만 그럴수록 선물을 주는 이와 받는 이 모두 선물의 불가해함을 마주해야 한다.

자녀는 어느샌가 부모의 품을 벗어나 훌쩍 성장하고, 인류학자도 현장에서 사람들이 봐 왔던 모습과는 사뭇 다른 전문가의 풍모를 띠게 된다. 이러한 독립의 과정에 연루된 사람들은 선물을 둘러싸고 감사함과 서운함, 자랑스러움과 수치스러움처럼 상반되지만 긴밀하게 얽혀 있는 복잡한 감정을 느낀다. 나는 연대와 적대가 동시다발적으로 일어나는 상황에서 관계를 새롭게 만들어 갈 여지를 찾는다. 말 그대로, 남은 땅(餘地). 아직 탐구되지 않은 새로운 땅을 고르는 일은, 받은 선물 중 어떤 것은 거절하고 어떤 것은 새로운 형태의 선물로 되돌려 줄지 고르는 일일 것이다.

2장

자랑과 수치

선물과 소통의 어려움은 두 개의 상반된, 그러나 떨어질 수 없는 감정을 일으킨다. 부모님께 물심양면으로 받은 선물은 나의 자랑이자 부모의 자랑이다. 자랑으로 결합한 부모 자식의 관계는 화목하고 애틋하다. 하지만 그 이면에는 갚을 수 없는 선물의 무게에 짓눌리는 수치가 있다. 갚지 않아도 된다는 부모님의 관대함은 도리어 그 무게를 키우기도 한다. 나이를 먹을수록 나 자신의 자랑은 부모의 자랑과 분리되기 시작한다.

나는 부모님께 자랑스러운 아이가 되고 싶

은 소심한 아들이었다. "우리 아들, 그림 잘 그리네." 어머니가 인정한 그림 솜씨는 당시 내가 자부하던 것 중 하나였다. 부모님이 잔뜩 사 준 만화책들과 선뜻 보내 준 미술 학원 덕분일 테다. 그러나 인정 욕구가 큰 것 치고 부족한 것이 많은 아이였다. 천성이 느리고 덜렁대던 나는 학교 준비물을 자주 잃어버리곤 했다. 어머니는 고칠 것이 많은 장남에게 엄히 대할 수밖에 없었다.

어느 날 밤, 내가 아마 또 무언갈 잃어버린 모양이었다. 화가 난 어머니는 속옷 차림이던 나를 집 문밖으로 쫓아냈다. 복도에 짙게 깔린 어둠 속에서 나는 어머니가 문을 열어 주길 기다렸지만 그 문은 열리지 않았다. 캄캄한 복도. 굳게 닫힌 문. 아래층에서 아버지의 기침 소리가 들렸다. 밤늦게 귀가한 아버지가 엘리베이터에 오른 듯했다. 반가웠다. 그런데도 나는 아버지가 도착하기 전에 어두운 계단 위층으로 숨으려고 했다. 왜? 아버지에게 지금 내 모습을 들킬까 부끄럽고 무서웠기 때문이다. 혹 내 꼴이 우스워 보이진 않을까, 아버지에게도 혼이 나진 않을까 걱정한 것이다. 이윽고 한 줌의 빛과 함께 엘리베이터가 열렸다. 아버지는 어떤 수상한 놈이 계단을 오르며 후다닥 숨는 모습을 보게 되었다.

"누구냐? 당장 내려와!"

계단에서 내려오는 내 모습을 본 아버지는 차분히 말했다. "아니, 왜 나와 있어. 빨리 집에 들어가자." 아버지가 문을 열었고, 문틈으로 새어 나오는 집안의 따뜻한 불빛을 보니 안심이 되었다. 나는 아버지의 등 뒤를 따라서 집으로 들어갔다. 그 굳게 닫힌 문은 아버지만이 열 수 있는 것이었다.

난간에 몸을 숨기며 느꼈던 수치심은 나를 더욱 단단하게 만들었다. 다시는 쫓겨날 정도로 나를 부끄럽게 할 문제를 만들지 않겠다고. 그렇게 부모님의 자랑스러운 아들이 되겠다고 결심했을지도 모르겠다. 하지만 나는 자라면서 이러한 수치심과 몇 번 더 마주쳐야만 했다. 문밖으로 쫓겨나고 아버지의 등 뒤에 숨어 문 안으로 다시 들어가는 일은 일종의 계시처럼 나의 인생에서 되풀이되었다.

대학 입학과 졸업, 결혼까지 이르는 과정에서 나는 얼추 부모님에게 자랑스러운 아들로 살아가고 있었다. 부모님께 받은 헤아릴 수 없는 선물 덕분이었다. 그리고 그 빚은 부끄럽기보다는 자랑스러운 것이었다. 갚을 수 없더라도 전혀 문제가 되지 않는 자부심을 가슴에 품고 살았다. 그러나 그 자부심의 이면에는 언제나 수치심을 느낄까 두려운 마음이 있었다.

어머니는 자수성가한 아버지를 존중하는 한편 그런 아버지를 둔 나를 부러워했다. "나도 너희 아빠 같은 아빠가 있었으면 얼마나 좋았을까." "너의 글은 좋아졌지만, 네 아빠에 비하면 멀었다." 이 말들에는 네가 감히 범접할 수 없는 아버지의 권위를 인정하라는 요구와 아버지를 닮아 가라는 이중적인 요구가 깔려 있었다. 의도치 않게 자녀를 이중으로 구속하는 어머니의 말은 문밖으로 쫓겨났던 내가 열리기를 고대했던 문처럼 나를 훈육시켰다. 아버지에 대한 나의 자부심이 나 자신에 대한 수치심이 된다는 점에서 그 말은 문과 같은 효과를 가져왔다.

　　아이가 집 문밖으로 쫓겨난다. 부모님의 도움이나 허락 없이는 다시 들어가지 못한다. 결국 문은 아이를 훈육하는 장치이자 인정을 베푸는 장치다. 그 문을 열어 줄 수 있는 존재는 부모뿐이라는 점에서 문은 권위가 작동하는 방식이다. 문은 끼익 열렸다가 쾅 닫힌다. 집 바깥에는 차가운 어둠이 있고 집 안에는 따스한 불빛이 비친다. 아이는 문밖으로 쫓겨남으로써 수치심을 배우고, 그 수치심은 자부심에 대한 열망을 키운다. 하지만 아이는 절대로 아버지 같은 존재가 될 수 없기에 언제든지 다시 쫓겨날 수 있다는 가능성 속에서 살아간다. 자부심 이면에는 늘 수치심이 도사리고 있다. 이처럼 자랑과 수치가 교차하는 소통은 아이에게 자부심과 밀접하게 결부된 수치심을 동시에 가르치기 때문에,

아이는 무기력해지거나 반대로 부모에게서 독립하고 싶은 강한 욕망을 키운다.

나는 아버지를 잘 따랐다. 성공한 아버지를 존경심으로 바라보았다. 마음 한편에는 나도 아버지 같은 사람이 되고 싶다는 강한 욕망이 자리했다. 하지만 아버지처럼 자수성가하거나 새 가정을 이루지 않는 이상 아버지를 닮을 수 없었기에 필연적으로 수치심을 맛보아야만 했다.

. 쉬이 자랑스러워하지도 부끄러워하지도 못했던 내가 맞닥뜨린 고통은 권위적인 부모와 소통하기 어려워하는 모든 자녀가 겪는 일과 크게 다르지 않다. 19세기 말 프라하의 한 아이도 마찬가지였다. 아이의 이름은 프란츠 카프카. 나와 마찬가지로 독립을 위해 몸부림쳐야 했던 카프카는 아버지에 관한 소설, 아니 아버지에게 보내는 편지를 쓰게 된다. 제목은 『아버지께 드리는 편지』.[2] 장돌뱅이 출신으로 자수성가한 아

---

2   Franz Kafka, *Brief an den Vater*(Frankfurt am Main, 1978).

버지를 둔 카프카는 그 소설에서 권위적인 아버지와 그에게 인정받지 못한 아들 사이의 관계를 다룬다. 카프카는 어린 시절 발코니에 갇혔던 경험을 고백한다.

한밤중에 어린 카프카는 부모의 관심을 끌려고 물을 달라 칭얼거린다. 그만 자라는 몇 번의 위협에도 아랑곳하지 않자 아버지는 잠옷 차림의 아이를 발코니 밖으로 내쫓고는 문을 닫아 버린다. 그때 경험은 카프카를 순종적인 아이로 만들었지만, 수년이 지난 뒤에도 그는 거대한 인간인 아버지가 아무 이유 없이 한밤중에 와서 자신을 침대에서 끌어내 발코니로 데리고 갈지도 모른다는 공상에 시달린다. 아버지는 자신처럼 사업가가 되려고 노력하지 않는 아들을 나무라면서도 절대로 자신처럼 될 수 없을 거라는 식으로 아들을 깎아내렸다. 카프카는 이러한 환경에서 자신이 유약하게 자라날 수밖에 없었다고 분석한다. 아버지에게 자랑스럽지 않은 아들이었다는 카프카의 고백에는 수치심이 서려 있다.

반면 부모님과 어린 내가 지켜 낸 자부심은 부모님의 지원을 받아 결혼할 때까지 나를 든든히 뒷받침해 주었다. 결혼한 이후로 나는 드디어 내가 어엿한 어른이 되었다고 생각했고, 부모님은 우리 부부에게 '큰집'의 문을 열어 주었다. 그때 우리는 모두가 화목한 '대가족'이 되는 행복한 결말을 맞이하면 되는 줄 알았다. 하지만 나와 현영이는 '어른으로서' 들어간 줄 알았던 문이 내가 어렸을 적 쫓겨났던 바로 그 문이었음을 알지 못했다. 결혼은 우리 부부를 '아이처럼' 문 너머로 쫓겨나게 했다.

결혼 후 나는 평생을 함께하기로 선택한 사람과의 관계를 지켜 내지 못하고 있다는 수치심을 느꼈다. 어머니의 바람대로 때로는 시어머니처럼, 때로는 옆집 아줌마 아저씨처럼 시어머니를 대하기가 어려웠던 며느리는 최선을 다했으나 여전히 부족했다. 어머니는 여우와 곰의 비유를 즐겨 사용했는데, 어머니에게 현영이는 곰 같은 며느리였다. 곰 같은 며느리는 여우의 면

모를 배울 필요가 있었다. 그렇게 집안 살림을 비롯해 여러 가르침과 안내를 받는 중에 며느리는 자연스레 시어머니보다 못한 존재, 아랫사람의 역할을 맡게 됐다. 어머니는 점점 자식에게 했던 훈육을 며느리에게도 적용했다. 결혼한 장남조차도 여전히 훈육의 대상인데, 며느리가 그 대상이 되지 않을 이유는 전혀 없었다. 어머니에게 훈육을 받는 장남인 남편은 아내에 대한 어머니의 평가를 듣게 되었다. 나 자신이 그러했듯이 며느리도 자랑스러워지기 위해 고쳐야 할 것이 많은 사람이 되었다는 사실에 나는 절망했다.

결혼하고도 현영이는 존재 자체로 온전히 인정받질 못했는데, 그건 바로 남편이 문밖에서 다시 안으로 들어갈 때까지 기다리는 훈육의 과정을 잘 견뎌 온 아들이었기 때문이다. 현영이도 나처럼 그 과정을 거치는 것이 '큰집'의 입장에서는 너무도 당연한 일이었다. 현영이는 결혼한 이후 가족이란 이유로 가족이 될 자격 테스

트가 시작된다는 모순적인 상황을 받아들이지 못했다. 그리고 늘 현영이가 느꼈을, 언제 공동체로부터 내쫓길지 모른다는 두려움은 무엇보다 나와 우리 부부가 자립하지 못하는 존재라는 부끄러운 사실을 상기시키는 것이었다. 우리 부부가 경제적 독립을 계획한 것은 자연스러운 귀결이다. 하지만 우리 부부의 자립을 향한 욕망은 부모님의 선물을 거부하고 권위를 부정하겠다는 적대적인 태도로 비쳤다.

나는 경제적으로 독립하기 위해 부모님께 받은 것들을 계산해서 털어내야겠다는 생각에 이르렀다. 하지만 그건 내가 할 수 있는 일이 아니다. 내가 부모에게 진 빚은 오직 부모만이 청산할 수 있다. 부모님은 내게 왜 그런 빚을 세고 있냐고 반문할 뿐이었고, 내 노력의 기저를 이해하지도 인정하지도 않았다. 이제는 치욕스러워 청산하고 싶지만, 도저히 갚을 길이 없는 '수치스러운 자부심'을 어떻게 해야 할까?

부모님께 지원받는 상황 자체에서 벗어나

자고 결정한 즈음에 어머니의 전화가 걸려왔다. 우리의 인생 계획과 부모님의 인생 계획은 서로 어떻게 다른지 만나서 확인하자는 거였다. 사실상 말대로 하지 않으면 경제적 지원을 끊겠다는 이야기였다. 나는 현실적으로 당장 독립은 어려운 상황이니 단계적으로 하겠다고 말했다. "단계적 독립이 어딨어, 바로 집을 나가야지." 어머니가 홧김에 한 말이었다. 하지만 그 목소리를 들은 나와 현영이는 결정했다. 부모님에게 연락 없이 거처를 옮겼다. 그렇게 신혼집은 빈집이 되었다.

부모님이 준 신혼집에서 나가고 우리 스스로 새로운 집을 다시 마련한 일은 부부에게 자랑스러운 일이었지만, 부모님에게는 분명 상대적으로 수치스러운 일이었다. 자랑스러운 아들은 수치스러운 아들이 되었다. 부모님이 준 값진 선물은 어느새 빚이 되었다.

값진 빚, 빚진 값

한때 한국어 '빚'과 '값'은 동의어였다. 15세기 문헌에서부터 나타나는 '비싸다'의 옛말 '빋ㅅ다'는 값을 뜻하는 명사 '빋'과 그 값에 해당하거나 그만한 가치가 있다는 뜻의 동사 'ㅅ다'가 결합한 형태이다. 비싼 것은 값진 것이었다. 이러한 전통 위에 서서 우리는 비슷한 다른 말을 할 수 있다. 빚진 것은 값진 것이다.

자랑과 수치가 수없이 반전하듯 빚과 값도 그렇다. 우리는 살면서 여러 사람으로부터, 아니 만물로부터 헤아릴 수 없이 많은 빚을 진다. 다행히 그 모든 빚이 청구서처럼 덕지덕지 붙어 우리를 버겁게 하지는 않는다. 그 빚 중 어떤 것들은 '값진 빚'이 되어 우리를 자랑스럽게 하기 때문이다. '자부(自負)하다'라는 표현에는 무엇에 빚진 상태이기에 그 값을 자랑할 수 있다는 논리가 숨어 있다. 언제나 도와주고 챙겨 주는 자랑스러운 내 친구. 늘 내 옆을 지켜 주며 삶을 함께 하는 나의 자랑스러운 현영이. 내게 그들이 자랑스러울 수 있는 것은 그들이 그 값진 빚의 청구서를 들이밀지 않기 때문이다.

한국어 '값'은 중의적이다. 일찍이 고전파 경제학자와 마르크스가 날카로이 구분했던 두 가지, 가치(value)와 가격(price)을 '값'이라는 말은 한꺼번에 가리킨다. 내가 친구들과 현영이에게 진 빚이 얼마나 가치 있는 것인지 안다. 그렇기에 나는 기꺼이 이 값진 빚을 똑같이 값진 빚으로 돌려주고 싶다. 그러나 어느 날 갑자기 그들이 이렇게 말해 온다면. 네가 나에게 진 빚의 가격은 이러이러해. 그 값을 치러 줘. 그 순간 그들은 자랑스러운 친구도 아내도 아닌, 그저 나의 '빚진 값'을 독촉하는 빚쟁이가 될 것이다. 나는 그 가격을 지금 당장 치를 수 없어서 수치스러울 테다. 그렇게 빚쟁이가 되어 버린 우리가 수치스러울 것이다. 하지만 다행히도 그런 일은 일어나지 않는다. 그들은 내게 빚 갚기를 재촉하지 않고, 나는 이 빚을 자랑스럽게 갚아 나갈 테니까. 그러므로 이 과정은 부끄러운 청산이 아니라 값진 생산이다.

자랑스러운 부모님이 주신 값진 선물을 되돌려주는 자랑스러운 아들 부부가 되고 싶었는데. 왜 우리가 부모님에게 진 '값진 빚'은 어느새 그저 '빚진 값'이 되어 수치스러운 청구서로 남겨져 버린 것일까. 그 숱한 청구서의 무게를 헤아리면서, 나는 현장과 캠퍼스를 오가며 인류학을 하고 있었다.

인류학자만큼 많은 사람에게 빚을 지는 사람이 또 있을까. 인류학자는 다른 사람들의 삶과 시간을 내어 받아 지식으로 만들어 낸다. 그렇게 얻은 이야기와 관계 위에서 논문을 쓰고

학문적 성과를 쌓는다. 하지만 그 지식은 다시 그들에게 쉽사리 돌아가지 않는다. 현장연구를 마친 뒤에도 연구자는 종종 자신이 받은 것에 비해 충분히 돌려주지 못했다는 감각, 설명하기 어려운 부채감을 오래도록 품게 된다.[3]

미국의 인류학자 낸시 쉐퍼휴즈도 그랬다. 연구와 가족 관계가 위기에 처한 와중 아일랜드로 떠난 여행길에서 그는 우연히 한 농촌 마을을 발견한다. 남편과 자녀를 데리고 머물 곳을 찾아다니던 그는 어느 관대한 가족의 집에서 신세를 지면서 현장연구를 시작할 수 있었다. 그들은 쉐퍼휴즈에게 집을 선물했고, 동시에 그의 가족을 그들의 가족으로 맞아들이며 더 큰 가족을 선물했다. 그뿐만이 아니었다. 쉐퍼휴즈는 그 마을의 사람으로 살아가며 자신의 라이프스타일을 돌아보고 재정립할 만큼 많은 것을 배웠

---

3   이수유, 「'라포' 다시 생각하기: 현장연구 참여자들과의 관계에 대한 성찰적 소고」, 실천민속학회 제50차 전국학술대회 발표문(2024), 1-6쪽.

다고 했다. 그의 새로운 가족으로부터 헤아릴
수 없는 '값진 빚'을 진 것이다.

쉬퍼휴즈는 이 빚을 똑같이 값지게 돌려주
고 싶었다. 이후 그가 쓴 책은 단순한 연구 결과
물이 아니라, 값지게 갚고자 하는 간절한 소망
을 담은 편지이자 선물이었다. 그러나 이 선물
이 쓰인 방식, 소위 그의 연구 목적은 이미 값진
빚이 '빚진 값'으로 반전해 버릴 위험을 내포하
고 있었다.[4] 현장에서 받은 환대와 관계는 필연
적으로 타인의 삶을 설명하는 공적인 언어가 되
기 때문이다. 그 글은 연구자의 의도를 넘어 예
상치 못한 사회적 맥락 속에서 읽히며, 때로는
연구자의 의도와 전혀 다른 효과를 낳기도 한다.

쉬퍼휴즈는 그에게 현장의 '부모'가 되어
준 사람들의 막내아들, 정신분열로 고통받고 있
는 사랑스러운 아이를 치유해 주고 싶었다. 이
를 위해 그는 그들의 막내아들뿐 아니라, 이 농

4   Nancy Schepher-Hughes, "Ire in Ireland," *Ethnography*
     1(1): 117-140(2000).

촌 마을 전체의 막내아들들에게서 정신분열이 급증하는 현상을 탐구하고 해명해야 했다. 아마도 쉬퍼휴즈는 그의 사랑하는 가족, 사랑하는 이웃들이 겪는 분열증을 진단하고, 이로부터 해방될 단초를 제공하는 값진 선물을 써 보내고 싶었으리라.

하지만 마을 사람들에게 쉬퍼휴즈의 선물은 재앙이었다. 쉬퍼휴즈는 현장연구를 바탕으로 한 책『성인들, 학자들 그리고 정신분열증: 아일랜드 농촌의 정신질환』으로 영예로운 상을 받으며 세계적으로 유명해졌다. 그러나 이 유명세는 그의 책이 농촌 마을 사람들의, 나아가 아일랜드인 전반의 부끄러운 사생활을 까발리는 책처럼 읽히게 만들었다. 한 칼럼니스트의 글이 기폭제가 되어, 쉬퍼휴즈에게 고향이자 현장이었던 마을은 정신질환자들의 마을로 알려지게 되었다. 물론 쉬퍼휴즈 입장에서는 예측할 수도, 통제할 수도 없는 일이었다. 그는 이를 해명하기 위해, 동시에 그 사고에 대한 자신의 막중

한 책임감을 토로하며 사과하고 용서를 구하기 위해 아일랜드인 가족의 집을 방문했다.

쉬퍼휴즈는 집 문 앞에 선다. 닫힌 문. 언제나 자신을 환영하며 열리던 그 문. 그는 문을 두드린다. 다행히 문이 열린다. 그러나 어떤 주저와 당혹, 거부의 눈빛과 몸짓이 느껴진다. 그리고 그가 사랑했고 당시에도 사랑했을 그의 가족은 이렇게 말한다.

"미안하지만 말해 줘야겠네, 낸시. 자네는 환영받지 못하네. 아니야, 정말로 환영받지 못해." "도대체 누가 당신을 그리도 대단한 권위자로 만들었나요? 당신이랑 가족이 우리 방갈로에 살러 왔을 때만 해도 그렇게 대단한 분은 아니었잖아요. 자기 애들도 제대로 통제하지 못했으면서." "인정해요. 당신은 우리를 희생시켜서 자기만족을 위해 책을 쓴 거야. 우리를 깎아내렸지. 이봐, 우리를 깎아내렸다고. 뭐, 완벽한 사람은 없지. 성인(saint)도 없고. 모두 약점은 있어. 하지만 당신은 우리의 장점에 대해서는 한 번도 쓰지 않았어."[5]

그들은 그의 가족이었다. 언제나 그를 환영해 주던 가족. 본인의 아이를 제대로 훈육하지 못하는 앳된 부모를 가르치며 더 좋은 어른이 되도록 이끈 부모이기도 했다. 이제 그들은 가족이자 부모로서 그에게 지웠던 빚의 청구서를 들이밀고 있었다. 쉬퍼휴즈는 그들의 장점에 관해 써야만 했고, 그들을 명예롭게 해 줘야 했다. 하지만 그의 글은 정확히 반대로 했다는 것이다. 낸시, 자네는 은혜를 원수로 갚았어! 일순간 그는 마을 사람들로부터 무수히 져 온 값진 빚이 어느 순간 그저 청산해야 할 빚더미가 되었음을 깨달았다. 한때 자랑스러운 가족이었던 사람들은 불량 세입자를 내쫓는 집주인과도 같이 그를 매몰차게 문밖으로 내쫓고 만다. 그들이 가족으로서 그에게 잠시 열어 주었던 문은 은혜를 원수로 갚은 자의 한없는 수치를 환기하

5   Nancy Schepher-Hughes, "Ire in Ireland".

는 문이 되어 굳게 닫혔다.

우리 부부를 환영해 주었던 신혼집의 문 역시 그렇게 닫혔다. 자랑스러운 아들 부부의 신혼집은 어느새 수치스러운 임대물이 되었다. 그렇게 가족 관계는 집주인과 세입자의 관계로 뒤바뀌어 버렸다.

무엇이 '집세'였을까? 물론 우리의 임대차 계약서는 종이로 쓰인 것이 아니었고, 당연히 그 글자들을 명쾌하게 읽어 내기란 불가능했다. 집주인에게 잘하고, 좋은 아들이 되면서 효도하는 장남 부부가 되는 것이 우리가 할 수 있는 최선이었다. 그러나 그토록 모호하고, 경제적이기보다는 도덕적인 이 뜬구름 같은 집세를 육체적인 형태로 만들어 버린 어떤 존재, 혹은 부재가 있었다. 우리가 최소한이자 최대한으로 치러야만 했던 집세는 바로 우리가 가져야 했으나 가지지 못했던 아이였다.

부모님은 하루라도 더 젊었을 때 아이를 가지고 낳는 것이 그 아이를 포함한 가족 전체에 이롭다고 생각했기 때문에 우리 부부를 이른 나이에 '결혼시켰다.' 계획을 중시하는 기업가적 성격의 소유자인 아버지는 인생을 잘 계획해서 현재를 적절히 다스려야만 더 나은 미래를 쟁취할 수 있다고 보았다. 불안이 많고 그로 인해 주변에 대한 통제력이 강한 어머니는 불확실한 미래가 현재를 괴롭힌다고 여겼다. 두 분의 결합 속에서 아이는 가족 전체의 미래에 가장 중요한 불안 요소이자 핵심 자본이었다. 그러니 두 분에게 결혼과 출산은 무엇보다 시계의 초침을 빠르게 돌리고, 불확실한 미래를 안정시키는 수단이었다.

나와 현영이는 아이를 갖기 위해 노력했으나 쉽사리 생기지 않았다. 그렇다 해도 부부의 미래에 아이가 최우선은 아니었기에 절망하지 않았다. 반면 부모님은 출산만이 미래의 고민을 해결해 줄 거라고 믿었다. 무엇보다 아이는 부모님에게 불안한 존재인 며느리를 안전하게 길들이는 가장 중요한 수단이기도 했다. 이혼의 가능성을 염두에 두면 며느리는 언제까지나 불가해한 타자였다. 그래서 손주가 필요했다.

그 필요 때문에 우리 부부는 자유롭지 못했다. 우리가 부모에게 져 온 빚은 자유롭게 갚을 수 없는 빚이었다. 값진 빚은 자유로운 구속의 시간 속에서만 값지다. 빚은 분명 우리를 구속하지만 그 구속은 자유로울 수 있다. 지금 당장 청산하지 않아도 되는 빚, 그렇기에 갚는 방식 또한 정해지지 않은 빚은 구속하되 자유롭게 구속한다. 선물을 반드시 정해진 때 정해진 방식으로 돌려줄 필요는 없다. 그렇게 자유로운 만큼 선물은 값질 수 있다. 자유롭게 빚진 선물은 다른 누군가에게 건넬 수도, 전혀 다른 형태로 세상에 돌려 줄 수도 있다. 빚은 여러 방향으로 흘러가며 값이 된다.

하지만 자유로운 구속의 시간은 부모님에게 점점 괘씸하게 여겨졌고, 어서 갚아 내라는 '자유롭지 않은 구속'이 공리주의로 치장한 채 우리의 미래를 회계 장부에 올려 버렸다. 더 이

상 자유를 잃기 전에 신혼집을 나가야 했다. 그 신혼집에서 우리 부부의 현재도, 미래도 수치스럽게 변하고 있었기 때문이다.

다시 값지게

쉬퍼휴즈도 나와 마찬가지로 수치스러운 빚을 품은 채 아일랜드의 가족을 떠났다. 한때 자랑스러웠던 가족 관계가 일종의 집주인과 임대인 관계로 바뀌어 버렸다. 자랑스러운 빚이 수치스럽게 변해 버렸을 때 어떻게 이를 다시 값지게 할 것인가?

카프카와 쉬퍼휴즈 모두 마땅히 자부할 수 없게 된 관계의 내밀하고도 수치스러운 부분을 비밀에 부치기보다 타인에게 드러내는 용기 있는 작업을 수행했다. 쉬퍼휴즈의 글은 실패한 경험을 남긴 기록이다. 그는 용서받고자 했지만, 현장연구 당시 마을의 모습을 분석한 일에 대해서는 회개하지 않았다. 마을에 대한 자신의 분석을 수정하는 대신 그는 마을과 자신 사이에 남겨진 이 수치스러운 빚을 시간과 독자에게 내보인다. 언젠가 자랑과 수치 혹은 값과 빚으로 이루어진 동전이 뒤집히기를, 누군가 그 동전을 뒤집어 주기를 간절히 바라면서. "영원한 분노는 없듯이 죽지 않는 사랑도 없다. 무엇이든 변할 수 있다."[6] 아무도 모를 일이다. 시간이 흘러 마을 사람 중 일부는 쉬퍼휴즈가 돌려준 빚을 삶의 지혜로 여기며 살아갈지, 어떤 독자에게는 그의 경험이 값진 것이 될지는.

카프카의 편지 또한 자신이 평생 간직하고 있던, 아버지에게 받은 수치를 값진 빚으로 승화하려 노력한 글이다. 카프카는 단순히 권위적인 아버지로부터 상처를 받고 피해자가 되었다는 사실에 머물러 있지 않다. '아버지에게 드리

---

6   Nancy Schepher-Hughes, "Ire in Ireland".

지 못한 편지'는 권위적인 존재와의 관계를 바꿔 보려는 일종의 사고 실험이다.

편지는 3부로 이루어져 있는데, 1부에서는 아들의 시점에서 아버지에게 받은 상처와 그것이 자신에게 미친 영향을 분석한다. 글에서 화자인 아들은 단지 피해자의 위치에 머물지 않고, 권위적인 아버지를 '용서'함으로써 아버지의 권위에 맞먹는 권위자가 된다. 2부는 카프카가 상상한 아버지의 시점에서 아들의 편지에 답하는 방식으로 구성된다. 상상된 아버지는 아들의 글쓰기가 겉보기에는 아버지를 위한 것처럼 보이나 실은 자기 자신을 위한 것이 아닌지 의심을 던진다. 그 또한 사업가인 아버지처럼 이윤을 따져 이득을 보려는 행위가 아니냐는 것이다. 마지막 3부는 상상된 아버지가 말한 바의 의미를 카프카가 스스로 풀어보는 짧은 필기이다.

현실에서는 내 편지 속의 증거들이 맞물리듯 깔끔

하게 들어맞을 수는 없다. 삶은 중국식 퍼즐 그 이상이기 때문이다. 그러나 [상상된 아버지의] 이 반론이 가한 수정을 통해, 내 생각에는 진실에 매우 근접한 어떤 것이 성취되었고, 그것이 우리 둘을 조금이나마 안심시키며, 우리의 삶과 죽음을 조금은 더 견딜 만하게 만들어 줄 수 있을 것 같다.[7]

아버지와 아들은 여전히 서로에게 적대자로 남아 있으나, 이 편지 덕분에 그들은 이제 비난의 순환 밖에 놓인 하나의 삶의 그림을 갖게 된다. 카프카는 언뜻 고발장처럼 보이는 편지 안에서 자신에게 수치를 안긴 권위를 부정하기보다는 문학적 실험을 통해 그 권위 앞에 당당히 서서 새로운 관계를 맺고자 했다.[8]

불행히도 카프카의 편지는 아버지에게 전달되지 못했다. 아버지로부터 독립하기 위해 시

<hr>

7   Franz Kafka, *Brief an den Vater*.
8   Richard Sennett, "Authority and Freedom," *The Kenyon Review*, New Series 2(2): 81–110(1980).

도한 결혼이 아버지로 인해 좌절된 이후 그는 1919년 편지를 작성해 어머니에게 전달을 부탁했는데, 어머니는 거절했고 편지는 아버지에게 닿지 못했다. 편지는 카프카가 죽고 난 후에 소설 『아버지께 드리는 편지』로 출판되었다.

카프카는 수치스러운 아들이었다. 비록 좌절되었지만 카프카에게 결혼은 수치스러운 아들에서 자랑스러운 아버지가 되기 위한 운동이었다. 그는 편지를 쓸 필요도 없이 아버지에 맞먹는 권위자가 되어 독립을 쟁취하려 했을 테다. 나는 부모님의 자랑스러운 아들이었다. 그런 아들로서 결혼에 성공한 나는 이제 자랑스러운 남편이 되고 싶었다. 그러나 그것이 문제였다. 자랑스러운 남편이 되려면 부모를 수치스럽게 만드는 아들, 수치스러운 아들이 되어야만 했다.

그러나 수치스러운 인간이 자신을 둘러싼 훈육과 통치의 구조를 알아차리는 순간, 수치심은 독립의 힘으로 전환될 수 있다. 마르크스의 말마따나 수치심은 이미 하나의 혁명이다. 단지 부끄러움이 아니라, 자신이 어떤 관계와 권위 속에서 그렇게 만들어졌는지를 깨닫게 하는 감정이기 때문이다. 인간이 그 감정을 외면하지 않고 직면할 때, 그를 훈육하고 통치해 온 질서는 의심의 대상이 된다.[9] 수치심을 느끼지 못한다면 대항의 운동 자체가 일어날 수가 없다.

혁명의 마음은 바로 이 수치심을 값진 무엇으로 바꾸려는 간절함이다. 빚진 값을 다시 값지게 하려면 큰 용기가 필요하다. 빚을 지운 자와 빚을 진 자 양쪽 모두에게 그러하다. 빚을 지운 자는 자신이 베푼 선물의 구속을 자유롭게 풀어 둘 용기가, 빚을 진 자는 수치를 직면하고 독립을 선택할 용기가 필요하다.

마냥 부모님의 용기만 기다리고 있을 수 없었다. 우리가 용기를 내야 했다. 부모님이 마련해 준 신혼집을 벗어나 우리만의 독립운동을 지

9   프레데리크 그로, 백선희 옮김, 『수치심은 혁명적 감정이다』(책세상, 2024).

속할 거처를 마련했다. 조건부로 우리 소유가 될 수 있었던 집이 아닌, 반대로 언제든 우리의 집이 아닐 수 있는 월셋집. 우리의 독립은 머물 곳을 마련하는 주거의 문제만은 아니었다. 솔직해질 용기의 문제였다. 우리는 그 신혼집이 자랑스러운 우리 집이 아니라는 수치와 직면해야 했다. 차라리 우리의 새로운 셋집을 자유로운 땅으로 만들고자 했다. 그 땅에 우리 집을 세우고 싶었다.

노래 공원을 세우는 일은 우리 둘의 독립을 요구하는 일이었다. 혼자가 아니라 '우리'로서 함께 홀로 서는 일. 노래(Song)도 공원(Park)도 함께 홀로 서는 노래 공원이 되는 일. 거처를 마련하면서 우리는 비로소 각자의 일에 더 집중하며 살아갈 조건을 갖췄다. 공원은 직장인으로서, 노래는 인류학자로서 우리의 권위를 새로 만들어 가는 각자의 업에 더욱 몰두할 수 있었다. 지금 이 책을 쓰는 일 역시 권위 있는 자, 한 명의 저자로서 발돋움하려는 나의 시도다.

이 책은 인류학 연구를 하며 받은 값진 선물에 대한 응답이기도 하다. 인류학은 타자의 삶을 연구하는 학문일 뿐 아니라 그들과 함께하는 삶 자체다. 인류학 연구 현장이었던 대구에서 나는 자유롭고 독립적인 삶을 실험하는 래퍼들과 만났다. 그들은 자유와 독립을 위해 감수해야 하는 어떤 의존과 구속을 몸소 겪어 내고 있었다. 그들과 함께하며 나는 독립이란 단순히 권위에서 벗어나는 일이 아니라, 자신의 삶을 지탱할 관계와 의존을 새롭게 조직하는 일이라는 사실을 배웠다. 독립은 자유로운 구속이며, 또 그런 독립이야말로 멋지다는 사실을.

3장

공원의 래퍼들

"어느새부터 힙합은 안 멋져." 2021년 이찬혁은 방송의 자극적인 연출 수단으로 전락해 버린 한국 힙합의 비극적 실태를 엠넷의 힙합 예능 프로그램「쇼미더머니 10」의 무대에서 노래했다. 이 촌철살인을 둘러싼 여러 반응을 기억한다. 한국 힙합의 '안 멋진' 현실을 통렬히 지적했다는 찬사부터 그러는 이찬혁은 뭐 얼마나 멋지냐는 비아냥까지. 그런데 여기에서 놓치기 쉬운 중요한 사실은, 그 가사에는 언젠가 힙합은 멋졌다는 확신에 찬 존중이 있다는 것이다.

래퍼들의 비판 정신이 빛나던 순간들이 있

다. 2000년대 한국 힙합에는 사회 비평에 대한 열망이 존재했다. 민중의 끈질긴 생명력을 노래한 노동 시인 박영근의 「솔아 푸른 솔아」는 1987년 6월 항쟁이 일어나기 직전 민중가요 노래패 '노래를 찾는 사람들'과 가수 안치환의 목소리로, 2002년에는 MC 스나이퍼의 "솔아 솔아 푸르른 솔아"라는 이름의 랩으로 다시 불렸다. 가리온의 「소문의 거리」, 에픽하이의 「Lesson 2(sunset)」 등에서 알 수 있듯 비판 정신은 한국에서 힙합의 매력을 형성하는 주된 요인이었다.

물론 이 외에도 힙합의 멋과 맛에는 다양한 것들이 있다. 힙합 패션, 춤과 디제잉, 그라피티, 뮤직비디오, 거리의 생음악까지. 힙합 특유의 장르를 넘나드는 실험적인 결합은 비판 정신으로 축약할 수 없는 힙합의 다채로운 매력을 보여 준다. 힙합의 태생이 이 뒤섞임에 있다. 유행하던 재즈, 디스코, 하우스 음악 등이 담긴 바이닐을 긁으며 소리를 뒤섞고 새롭게 창조했던 미국 슬럼가의 놀이가 도시의 문화가 되고, 앨범이 되며, 나아가 뮤직비디오와 공연 무대가 되면서 미국 전역에서 유행하게 되었다. 힙합은 전 지구적 유행 속에 아시아에도 착륙했으며 오늘날까지도 젊은이들에게 힙합은 매력적인 장르이자 팝 문화로 자리매김하고 있다.

덕분에 나는 초등학생 때부터 MP3와 줄 이어폰으로 좋아하는 힙합 음악을 매일같이 들으며 흥얼거렸다. 시간과 장소가 허락할 때마다 힙합 댄스를 추곤 했다. 집에서 뮤직비디오를 보며 따라 추기도 하고, 빈 학교 강당에서 춤 연습을 하기도 했다. 그러다 하루는 강당에 불쑥 들어온 학교 일진들과 마주치기도 했다. 내 춤을 보고 관심이 생긴 그들은 가르침을 청했고 함께 춤을 추다 금세 친해졌다. 지금은 삐그덕 뚝딱거리는 내가 그때는 어떻게 춤에 그토록 열정적이었는지. 재미로 시작한 힙합과 랩으로 내 가슴속 무언가를 표현하고 싶어졌다. 힙합 음악을 즐겨 듣던 아이는 작곡 프로그램 FL 스튜

디오 7을 독학해 작곡하고, 랩 가사를 일기장에 적으며 자랐다. 고등학교 2학년 때는 학교 축제 무대에 올라 직접 만든 비트로 공연하기도 했다. 소심하던 아이는 힙합 리듬만 있으면 자신 감이 넘쳤다.

그러나 많은 한국 학생들처럼 대학 입시를 준비하며 힙합과 멀어졌다. 그리고 10여 년 뒤, 석사만큼은 정말로 자신이 하고 싶은 주제를 연구하라는 지도교수의 조언 덕분에 잊힌 한때의 추억이 바람처럼 다시 불어왔다. 내가 들어서지 못했던 길을 걸어가는 사람들에게 말을 걸고 싶었다. 내가 무엇을 알지 못했는지 알고 싶었다. 그렇게 한국의 젊은이들이 래퍼의 삶을 선택하고 지속하는 이유에 대해 연구해 보기로 했다.

주제를 정한 다음에는 현장이 문제였다. 홍대로 달려갈지, 지방 도시의 힙합 신에서 활동하는 래퍼들을 찾아볼지 선택해야 했다. 마음은 이미 후자에 기울어 있었다. 고등학교 시절 홀로 힙합을 즐길 뿐 도시에서 활동하는 친구들과 함께하지 못했던 것이 미련으로 남아 있었기 때문이다. 그리고 나는 대구를 발견했다. 대구에 로컬 힙합 신이 2000년대부터 자리 잡았고 여전히 활발하다는 정보를 접했다. 대구 인디 음악의 상징인 공연장 '클럽 헤비'가 지금까지도 건재하며, 힙합 공연브랜드 '힙합트레인'은 2026년도까지도 상연하고 있다. 어떻게 대구에서 힙합 신이 이토록 활발하게 유지된 걸까?

나의 고향 전주도 대구만큼 크지는 않아도 지방의 거점 도시이고 힙합 신이라고 할 만한 것이 있었다. 전주 출신 비보이 그룹 '라스트 포 원'이 2005년 세계적인 비보잉 대회인 독일의 '배틀 오브 더 이어'에서 우승한 일이 전국에 알려진 이후 형성된 힙합 신이다. 그렇지만 이것은 뒤늦게 안 사실이고, 학창시절 나는 그 신과 접촉하지 못했다. 그리고 10년이 지나 발견한 대구의 힙합 신. 내 머릿속에는 힙합의 정수라 할 만한 풍경, 래퍼들이 둥글게 모여 침 튀기며 거친 젊음의 언어를 토해 내는 풍경이 떠올

랐다. 정말로 '멋졌던' 사이퍼의 풍경 말이다.[10]

동시에 걱정이 들었다. 둥근 사이퍼의 원 안에 내가 받아들여질 수 있을까? 거친 래퍼들이 나를 거부하면 어떡하지? 그러면 이 연구를 접어야 한다. 그렇게 걱정이 눈앞을 가리던 중 느닷없이 오픈 채팅방에 사이퍼 개최 공지가 올라왔다. 더는 셈할 시간이 없었다. 곧바로 대구행 기차표를 끊었다.

2021년 3월 7일 오후 대구 중구에 자리한 국채보상운동기념공원에 도착했다. 대구 래퍼들과 떨리는 첫 만남이었다. 젊은이 다섯 명이 사이퍼를 하고 있었다. 래퍼들이 둥글게 둘러싼 벤치에 놓인 자그만 초록색 스피커. 그들은 그 스피커를 마주하고 차례로 돌아가며 무언가를 쏟아냈다. 무엇이었을까? 점차 가까이 다가가

10   사이퍼(cypher/cipher)는 본래 0, 암호, 비밀스러운 표기를 뜻하는 말이지만, 힙합에서는 래퍼·비트박서·브레이커들이 둥글게 원을 이루고 서서 차례대로 돌아가며 비트 위에 프리스타일로 말과 소리, 그리고 몸짓을 선보이는 자리를 가리킨다.

면서도 나는 아무것도 상상할 수 없었다. 사이퍼의 형태는 알았지만, 그것을 어떤 말들이 채우는지는 몰랐다. 거기 모여 있던 다섯 명의 래퍼들도 나에게 완전히 낯선 이들이었다. 나는 그저 사이퍼의 원 주위를 기웃거리며 그들의 말에 귀 기울일 뿐이었다.

제대로 밥값 해 시발 랩해서

밥 한 끼 값도 안 나오네

마이크 하나 사려 해도 30만 원만요

아부지 이 말은 못 꺼내 하면 뺨부터 맞겠지

집에 있으면 답 없어 그냥 나오는 거야

트인 공원이 내 길거리

여자친구랑도 오늘 끝냈어 잘 살아라 보냈지

그래도 나와서 랩이나 뱉어

누구 인생이 더 좆같은가 대회를 열자고

나온 자리잖아

징징대지 말고 비트 위에 랩이나 얹어

슬픈데 슬픈 척 안 하는 게 내 철칙

경악했다. 이토록 날것이라니. 대구행 열차에 몸을 싣기 전 나를 불안하게 했던 것은 내가 그들과 어울릴 수 있을까 하는 걱정이었다. 이때 내가 생각한 어울림은 서서히 라포를 쌓으며 진솔한 이야기를 나눌 수 있는 사이가 되어가는 과정이었다. 인류학자들이 교과서적으로 학습하는 그런 필드워크의 순서 말이다. 젊은 래퍼들은 그 모든 과정을 생략한 채 낯선 사람이 끼어 있는 자리에서 곧바로 날것의 속사정을 꺼내놓았다. 가족 간의 불화. 학교의 통제. 직장 내 갈등. 그들을 공원으로 뛰쳐나오게 한 것들. 더 놀라운 것은 그 무거운 이야기들이 비장한 고백에 머무르지 않았다는 점이다. 그들은 삶의 곤란을 풍자하고 비틀면서 자신의 상처를 사이퍼의 리듬 속으로 던져 넣었다. 나는 인터뷰를 시작하기도 전에, 질문지를 꺼내기도 전에, 이미 그들 삶의 맨살 한가운데 있었다.

나도 모르게 스피커를 둘러싼 사이퍼의 원에 들어가 있었다. 정신을 차려 보니 곧 내 차례였다. 비트가 흐른다. 내 왼쪽, 오른쪽, 혹은 맞은편에 있는 그 누구도 나 대신 말해 주지 않는다. 이제 즉흥적으로 쏟아져 나오는 나의 말을 뱉어야 한다. 프리스타일 랩에 익숙하지 않던 나는 어둠 속에서 벽을 더듬듯 단어를 찾으며 말을 절었다. 그래. 맞아. 내가 하려는 말은. 그러니까. 내 말은. 이게 바로. 따위의 말이 반복되고, 정작 하고픈 말은 라임에 맞지 않아 입 밖으로 나오지 않았다. 혀에 경련이라도 난 듯이. 그러다 끝내 뱉어 낸 한 줌의 진짜란.

요 나는 힙합 음악 문화를 연구하는 학생

대구에서 진짜 힙합을 한다고

듣자마자 달려왔지 현장에

마치 삶의 현장처럼 여기서만 알 수 있는 게 있어

내게 필요했어 어릴 적 목말랐던 진짜가

난 놀랐지 다들 내뱉는 자기 인생 배울 게 많아

지금 생각하면 엉망진창이었다. 그런데 누구도 나의 부족한 실력을 비웃지 않았다. 나중에 물어보니 이들은 실력보다는 나의 태도를 살피고 있었다. 우선 솔직하다. '척'하지 않는다. 그들의 말을 빌리자면 "험블"하다. 그런 태도가 마음에 들었다고 한다. 사이퍼가 끝나고 우린 함께 국밥을 먹으러 갔다. 그 후로도 여러 번 사이퍼를 함께 하면서 우리는 조금씩 친해졌고, 그저 '험블'했던 나는 그들을 닮아 가며 '프리'를 더해 갔다. 조금씩 프리스타일의 힘을 몸소 느끼게 된 것이다. 프리. 그러나 자유로운 구속의 형식으로서 프리.

내가 처음으로 대구 래퍼들을 만난 국채보상운동기념공원(이하 국채보상공원)은 독립운동을 기리는 중요한 상징이자 여러모로 독립을 위한 땅이다. 1907년 대구에서 상인들의 주도로 시작된 국채보상운동은 대중의 호응을 얻어 전국으로 번져 나간 독립운동이다. 이를 기념하기 위해 약 13,000평의 면적으로 준공된 공원은 시민들의 휴식처이자 젊은이들의 놀이터로 자리 잡았다. 회사 생활의 관료주의에 찌든 회사원, 수능 공부에 지친 고등학생. 다들 탁 트인 공원에 나와 고개를 들어 맑은 하늘을 보며 각자의 삶에 필요한 독립을 꿈꾸지 않을까?

화창한 봄날. 달구벌 대종이 있는 큰 공터에는 스케이트보드를 타는 젊은이들이, 신록이 우거진 공원 내부로 걸어가면 벤치 위에 스피커를 두고서 펑퍼짐한 청바지를 입고 랩과 춤을 연습하는 래퍼들과 댄서들이 있다. 래퍼들은 둥글게 모여 음악 비트에 맞춰 프리스타일 사이퍼를 즐긴다. 넓게 트인 농구장에는 아이스크림과 콜라를 걸고 내기 농구에 열중인 청춘 남녀. 1998년부터 조성되기 시작한 공원이 2000년에 개방되면서 볼 수 있었던 장면들이다.

당시 젊은이들은 PC 통신을 활용해 자신과 비슷한 취향을 공유할 사람을 물색했다. 2000

년부터 2003년까지 활발하게 활동했던 '대구 힙합동호회'라는 PC 통신 모임이 있다. 힙합 음악에 관심이 많은 대구 젊은이들이 한 달에 한 번씩 모여 대구에서 열리는 힙합 공연을 즐긴다. 이어서 붐박스[11]를 직접 들고 국채보상공원에 나와 다 함께 프리스타일 랩을 뱉으며 어울린다.[12]

언뜻 보기에 프리스타일은 가장 자유로운 랩이다. 그러나 사실 이 자유는 구속되는 자유, 자유로운 구속이다. 둥근 원 안에서 래퍼들은 서로의 말과 리듬, 분위기와 태도에 주의를 기울인다. 자기 차례가 오면 다른 래퍼들이 주고받아 온 리듬에 적절히 응수해야 하기 때문이다. 사이퍼에서 랩을 할 때 솔직한 것만으로는 충분하지 않다. 솔직하되 멋있어야 하고 즐거워

---

11   카세트테이프나 CD를 넣고 음악을 재생할 수 있는 이동식 스피커.

12   송재홍, 「지방 도시에서 래퍼로 살아가기: 대구 래퍼의 라이프스타일 형성과 상호 존중에 관한 민족지적 연구」, 서울대학교 인류학 석사학위논문(2022).

야 한다. 상대가 만들어 낸 멋과 즐거움의 방식에 어울리면서 동시에 맞서는 것. 네가 멋있으면 나도 멋있어야 하고, 네가 즐거우면 나도 즐거워야 한다. 프리스타일의 '프리'는 제약이 없는 자유가 아니다. 사이퍼는 서로를 의식하며 서로에게 응수하고, 그렇게 서로 북돋는 장이다. 프리스타일은 서로의 스타일에 의존하면서 각자의 스타일을 세워 가는 자유로운 구속의 형식이다.

대구의 래퍼들과 인류학을 하기로 한 결정을 돌이켜 보면 결혼과 함께 시작된 나의 삶의 모양, 내 라이프스타일이 큰 영향을 미쳤던 것 같다. 나는 프리스타일을 단순히 힙합의 장르가 아니라 새로운 라이프스타일로서 동경했던 것이다. 래퍼들의 말마따나 "힙합은 라이프스타일"이니까. 프리한 라이프스타일에 대한 나의 동경은 직접 프리스타일 랩을 해야 한다는 현장의 진입 장벽도 대수롭지 않게 했다.

래퍼들이 그랬던 것처럼 나도 부모님과 솔

직하면서 즐거운 관계를 형성하고 싶었다. 우리 가족이 나눴던 대화가 프리스타일이었다면. 결혼하고 나서 점점 무거워졌던 빚의 무게를 즐겁게 말하면서 값진 선물로 바꿔 낼 수 있지 않았을까? 그랬다면 계약이나 독촉 같은 권위적인 제약은 필요하지 않았을지도 모른다. 그런 것 없이도 내가 받은 값진 빚을 서로의 삶을 값지게 하는 생산적이고 창조적인 선물로 만들 수 있었을 테다. 이래도 안 되고 저래도 안 되는 이중의 구속이 아니라, 자유로운 구속으로 묶일 수 있도록. 이래도 되고 저래도 되는 구속으로 말이다.

함께 홀로 서는 땅

독립운동을 기념하는 국채보상공원. 그 공원에서 래퍼들은 둥근 원으로 서로를 구속하며 자유로운 말들을 뱉어 내고 있었다. 결혼이라는 독립운동을 실천하던 나는 프리스타일을 향한 동경에 이끌려 그들의 공원을 찾았다. 그러나 시간이 지날수록, 나는 그들의 프리스타일 역시 독립에 대한 염원을 담은 각자의 '스타일'임을 알게 되었다. 그렇다면 대구의 래퍼들은 무엇으로부터 독립하기 위해 그 공원에 모여 사이퍼를 하고 있었을까?

사이퍼에서 랩을 주고받는 래퍼들에게 저

마다 스타일이 있듯, 래퍼들이 원하는 독립의 형태도 종잡을 수 없이 다양하다. 다시 말해 그들의 독립운동이 맞서는 권위 역시 다양하다. 부모가 요구하는 미래상. 성공에 대한 사회적 기대와 압력. 정해진 절차를 따라야 하는 모범적이고 정상적인 삶.「쇼미더머니」로 대표되는 획일화된 성공의 표상. 독립의 대상이 무엇이든 간에 프리스타일과 사이퍼는 각자의 삶에서 청구받고 있는 빚과 수치심이 동력이 되는 독립운동이었다.

사이퍼란 각자가 바라는 독립의 라이프스타일을 프리한 원으로 묶어 내는 운동이다. 래퍼들의 삶이 다양해 어느 하나로 집약될 수 없다는 것 자체가 사이퍼의 조건일지도 모른다. 그 원 속에서 서로에게 프리스타일 랩을 뱉어 냄으로써 프리한 라이프스타일을 함께할 수 있기 때문이다.

이 사실을 이미 알았던 대구의 래퍼가 있다. 머리를 빡빡 밀고 거친 랩을 뱉는 N을 처음

만났을 때 나는 그가 속된 말로 '독고다이'라고 생각했다. 제멋대로 사는 사람 같았다. N은 성인이 되기 전 일찍부터 집을 나와 혈혈단신으로 삶의 모험을 떠났다. 그 길 위에서 힙합을 만남으로써 그는 공동체와 문화의 중요성을 깨달았다. 힙합 신의 소중함을 말이다. 굳은 각오를 다지듯 머리를 밀고 그는 사이퍼의 원으로 합류한다.

이윽고 N은 스스로 사이퍼를 개최하기 시작한다. 최대한 많은 사람이 모일 수 있게끔 홍보도 열심히 했다. N은 스스로 개최한 사이퍼가 래퍼가 되고 싶은 이들을 위한 마중물이 되길 바랐다. 그는 나름대로 권위를 가진 "앰프꾼"이 되었다. 그가 대구 이곳저곳에서 앰프로 비트를 틀 때마다 사이퍼의 자유로운 원이 열렸다. 그러나 N은 어느 날 사이퍼만으로는 부족하다는 것을 깨닫는다. 모일 수 있는 물리적인 공간, N의 표현을 따르면 "방주"가 필요했다. 가족과 학교, 직장에서 고통받는 젊은이들이 물리적으로 도피할 수 있는 아지트. 주거와 예술 작업을 함께하며 교류할 수 있는 공동 작업실.

그리고 정말로 '방주'를 지었다. N은 공동 작업실에 방주라는 이름을 붙이고 그 의미를 두 가지로 설명했다. 하나는 성경에 나오는 의미 그대로 "염세라는 홍수로부터 도망갈 우주선"으로서 방주. 다른 하나는 "방의 주인"의 줄임말로서 방주. 방주에는 거실과 부엌을 제외하면 네 개의 방이 있다. 각 방의 '주인'이 되어 거주하는 래퍼들은 자신의 방을 개인 작업실이자 주거 공간으로 활용했다. 동시에 이 주인들은 공동의 공간인 거실에 모여 함께 어울리고 놀았다.

N과 래퍼들은 이런저런 사람들을 환영하며 그들의 방주를 뭇사람의 방주이자 아지트로 만들었다. 가정 폭력에 시달리는 젊은이들. 소통의 문제로 정신적 고통을 호소하는 이들. 방주는 이들에게 자유를 만끽하게 해 주고 대구에서 활동하는 예술인 공동체와 접할 기회를 제공

했다. 나도 그렇게 이 방주에 이끌려 온 사람 중 하나였다. 현장연구 동안 이곳에서 신세를 지면서 나는 사이퍼 자체가 하나의 시공간이 된 것을 느꼈다. 아, 이래서 방주를 짓고 싶었구나.

N은 스스로 '앰프꾼'이라 칭할 만큼 사이퍼를 여는 일에 열심이었고 공연도 수차례 주최했다. 그럼에도 N이 방주를 세운 것은 쉬이 휘발되는 사이퍼의 가치를 붙박아 둘 땅, "본진"이 필요했기 때문이다. 그 방주에서 N은, 또 나를 포함한 N의 친구들은 자유로울 수 있었다. 세상의 권위에 염증을 내고 도망쳐 온 이들이 각자가 주인이 되어 자기만의 권위를 거머쥐는 공간.

무엇으로부터 자유로워지려는 방주였을까? N은 무엇을 두고 "염세의 홍수"라고 했을까? 이를테면 그는 "알파벳 M"에 염증을 냈다. 엠넷(Mnet)과 음악 플랫폼 멜론(Melon). 힙합을 옥죄는 M의 권위들. 어쩌면 그 M은 매스 미디어(Mass Media) 일반, 나아가 돈(Money)의 논리로만 돌아가는 이 세계의 매트릭스(Matrix) 자체일지 모른다. 그러나 내가 아는 N은 한 마디로 재단할 수 있는 사람이 아니기에, 여기서 그의 삶을 함부로 규정하지 않으련다. 어쨌든 그는 끊임없이 독립을 추구하는 사람이었다. 똑같이, 그러나 서로 다른 독립운동을 하는 사람들을 끌어들여 한바탕 사이퍼를 열고 방주를 짓는 사람이었다.

그렇게 N은 자유로운 사람이었다. 독일의 철학자 헤겔은 자유에 대해 이렇게 설명한다. 자유는 여정이다. 그 여정을 떠난 사람은 먼저 세계와 자신을 분리해서 생각한다. 그리고 자신이 복종해 온 세계의 우월성을 더는 믿지 않게 된다. 그 여정 끝에 "공통의 목적에 따라 타인들과 함께 지각하고 행위"하는 자가 궁극적으로 자유로운 사람이다.[13] 내가 본 N은 이 모두를

13 Georg Wilhelm Friedrich Hegel, *Phänomenologie des Geistes* (Bamberg und Würzburg: Joseph Anton Goebhardt, 1807); Richard Sennett, "Authority and Freedom," *The Kenyon Review*, New Series 2(2): 81–110(1980).

성취한 사람이었다. N은 M의 세계와 자신을 분리했고, "알파벳 M"이 지배하는 세상의 권위를 믿지 않게 되었으며, 또 마찬가지로 M으로부터 독립하려는 사람들을 끌어들여 함께 살 줄 알았다. 함께 자유로울 줄 알았다.

N이 보여 준, 때로는 나도 함께 찍은 기념사진에는 나름대로 자유로웠고, 나름대로 독립을 염원했고, 그러나 항상 성공적이지만은 않았던 사람들이 있다. 래퍼들. 댄서들. 디제이들. 프로듀서들. 그리고 수많은 다른 예술가와 친구들. 사진 속 이들은 결혼사진이나 졸업사진 속 사람들처럼 똑바로 서 있지 못했다. 공연이 끝난 무대 위에 눕거나 앉고, 춤을 추거나 서로를 놀리고, 다 같이 돌아가며 벽에 그라피티를 그리면서 기념사진을 찍었다.

거기에는 또한 그들이 서 있는 여러 '땅'들 역시 담겨 있다. 사람들이 제멋대로이듯 땅의 형태도 제멋대로다. N은 방주를 세워야 했지만, 누군가에게는 국채보상공원에서 사이퍼를

하는 것만으로 충분했다. 누구는 공연해야만 했
다. 누구는 앨범을 발매해야만 한다고 생각했
다. 누군가는 뮤직비디오를 찍었고, 또 누군가
는 그라피티를 했다. 그렇게 각자의 땅을 마련
해 권위를 세우려 했다.

　홀로 또 함께 권위를 세워 가는 래퍼들의 땅
을 다시 찾은 것은 석사 논문 작성을 마친 뒤였
다. 인쇄된 논문을 가방에 넣고 대구행 기차표
를 끊었다. 연구 기간 내내 그들에게 진 값진 빚
을 돌려주려는 나름의 선물이었다. 중요한 공헌
을 해 준 래퍼들과 다시 만났다.

　J가 좋아하는 수제 햄버거집에서 만나 논
문을 선물했다. 프리스타일 랩 베테랑 J는 사이
퍼의 '사회자'가 주최자일뿐 아니라, 저마다의
스타일로 말을 쏟아 내는 래퍼들 사이를 중재하
는 사람임을 알려주었다. J 덕분에 사이퍼에 참
여한 사람들 모두가 관객이자 공연자가 되고 집
단적 몰입과 열광이 일어나는 과정을 직접 경험

했다. 그것은 힙합 신이라는 '사회'가 만들어지는 과정이었다.

다음날 밤 클럽 헤비에는 힙합트레인 공연이 열렸다. 공연장에서 무대에 올랐던 T에게 논문을 선물했다. T는 대구의 지역적 특색을 살리고자 노력해 온 래퍼다. 한때 선배를 따라 사이퍼에 참여했던 그는 이제는 작업물을 통해 자신의 예술과 독립을 표현하는 데 몰두하고 있다. 음반과 작품을 향한 그의 장인 정신은 논문을 쓰는 나에게 힘과 영감을 주었다.

J와 T는 각각 대구 힙합 신에서 두 가치의 본진, 이름하자면 '오프 더 레코드'와 '온 더 레코드'를 대표하는 래퍼다. 오프 더 레코드는 "방구석 래퍼들"처럼 녹음실에만 갇혀서는 제대로 된 랩을 뱉을 수 없다고 믿는, 사이퍼를 즐기는 래퍼의 가치관이다. 한편 온 더 레코드의 시각에서 사이퍼는 그저 휘발되고 말아서 생산적인 물질은 아무것도 남지 않는 "반백수"의 놈팡이 짓으로 보였다. 이 양극은 공연장에서 기묘하게

만났다. 랩의 완성은 작사나 작곡이 아니라 공연에 있기 때문이다. 사이퍼를 즐기는 래퍼들도 공연을 통해 집단적인 몰입을 이끌어 내길 원하고, 앨범을 만든 래퍼들도 무대에서 자기 앨범을 살아 움직이는 것으로 상연하길 원한다. 그렇게 공연장은 양극화되는 래퍼들의 가치관을 서로 교차하며 힙합이라는 하나의 몸짓으로 엮어 내는 자리였다.

그리고 늦은 저녁 대구의 한 LP 바. 오프 더 레코드와 온 더 레코드 사이에서 "인터루드, 연결 고리" 역할을 해 온 래퍼 N을 만났다. 나는 기네스 한 잔, 그는 위스키 한 잔을 마시며 추억을 곱씹었다. 스피커에서 그의 추천곡이 흘러나왔다. 누자베스에서 시작해 김광석이 마지막 곡이었나. 나는 가져온 논문을 꺼내 보였다. 그의 존재가 없었다면 불가능했을 연구 결과물. N이 한 페이지씩 넘길 때마다 헤아릴 길 없는 감정들이 몰려왔다. 기대. 좋아해 주지 않을까? 두려움. 실망하진 않을까? 두려움과 기대는 조금씩 후련함으로 바뀌어 갔다. 다 읽은 N은 자신을 역사의 한 발자국으로 남겨 줘서 고맙다고 했다. 우린 벅찬 포옹을 하고 헤어졌다.

선물을 전달한 후 시간이 흘러 대구의 한 옷 가게에서 사이퍼가 열린다는 소식을 들었다. 반가운 마음으로 참여했다. 낯익은 얼굴과 목소리들이 비트를 타고 넘실대고 있었다. N은 나의 논문을 주제로 프리스타일 랩을 시작했다.

팔레트의 서로 다른 색깔 누가 상상이나 할까

알록달록 옷 가게 사장 래퍼라니

래퍼 비트메이커 인류학자가 여기서

새로운 실험을 또 하고 있어

옷을 고르는 손님이 자기도 모르게

리듬을 타 이끌려 오지 힙합의 바이브

형은 대구 힙합을 한 폭에 그렸어

어쩌면 우리가 살아온 삶의 모습 또는 역사

만약에 형이 없었다면 몰랐겠지

서로가 어떻게 살아왔는지 말야

지겹고도 찬란했던 순간들

꼴보기 싫었던 그대들, 그때들이 지나가

마치 주마등처럼 이젠 이해할 수 있네

우리 모두 그리 다르지 않다는 걸

다들 자유롭게 살기 위해 몸부림쳤고

어깰 부딪혔고 땀냄새가 났어

그게 좋았나 봐. 알아 갈 세상은 넓었고

전태일처럼 죽진 못해도 살릴 사람은 많았으니

이게 마중물이 돼서 나의 논문에 대한 랩들이 터져 나오기 시작했다. 래퍼들이 뱉는 제각각의 랩들이 논문을 소재로 활용하고 있었다. 물론 프리스타일 사이퍼의 특성상 랩은 단일한 주제로 모이지 않았다. 래퍼들이 논문을 해석하는 방식은 제각각 달랐다. 그러나 이 제멋대로인 말들을 들으며 나는 최소한 내 논문을 통해 그들이 서로의 제멋대로인 삶을 더 잘 이해할 수 있었음을 알게 되었다.

프리스타일, 나아가 랩의 기본 정서인 솔직

함은 때로 서로를 이해하게 만들기보다 몰이해를 부추기곤 한다. 우리는 종종 날것으로 드러난 이야기를 받아들이기 어려워하기 때문이다. 사이퍼는 이런 이해와 몰이해의 간극 속에서 각자의 이야기를 '프리'라는 하나의 스타일로 묶어 낸다. 글은 사이퍼와는 다른 형식으로, 즉 논문의 형식으로 이들의 제멋대로인 말들을 한자리에 모이게 했다.

논문에서 나는 이제 조금씩 잊히기 시작한 대구 힙합 신의 역사를 다시 복원하고 공원, 공연장, 작업실이 대구 래퍼들의 삶에서 어떻게 중요한 시공간으로 존재해 왔는지를 밝히려 했다. 현장연구를 했던 당시에 대구 힙합 신은 과거와는 달리 점점 공연과 사이퍼의 활기가 줄어들고 있었다. 2012년「쇼미더머니」방영을 기점으로 대구 힙합 팬덤의 열기는 사그라들었다. 다종다양한 소규모 공연들의 움직임도 약해졌다. 그런 와중에 논문이 대구 힙합 신의 구석구석을 래퍼들이 나름의 권위를 함께 세워 온 땅으로 조명한 것이다. 각자의 삶을 짓누르는 권위로부터 각자의 방식으로 독립을 추구하며 함께 서는 땅으로서 말이다.

래퍼들에게 건넨 나의 선물은 값진 빚이 되었다. 감동이 밀려왔다. 그리고 어떤 자신감이 생겼던 것 같다. 나는 부모님 앞에서 당당하게 나와 현영이가 겪어온 삶의 굴곡을, 노래 공원이 독립운동하는 이유를 말할 수 있을 것 같았다. 그렇게 함께 서로의 고통을 공감하고 이해할 수 있을 것 같았다. 나도 자유로이 둥근 원을 그리며 현영이와 또 부모님과 함께 홀로 서고 싶었다. 나는 사이퍼를 시도하기 위해 부모님을 찾아갔다.

닫힌 사이퍼

신혼집을 나간 후로도 부모님과 몇 번 대화를 시도했지만 번번이 실패했다. 우리 부부가 신혼집을 나가게 했던 닫힌 문은 그대로였다. 우리와 부모님은 다만 그 문을 사이에 두고 서로 밀쳐 내기만을 반복했다.

나는 주로 아버지와 이야기를 나눴다. 우리는 아무 일도 없었다는 듯 다정한 아버지와 서글서글한 아들로 만났다. 그러나 각자의 말이 서로에게 가닿는 일은 좀처럼 없었다. 아버지는 결혼 이후로 있었던 모든 갈등 상황을 하나하나 열거해서 각자의 잘잘못을 따졌다. 그러나 내가 열고자 한 대화의 장은 재판장이 아니었다. 나는 아버지와 솔직한 이야기를 터놓는 자유로운 원을 그리고 싶었다. 사이퍼를 하고 싶었다. 대구의 래퍼들이 그러했듯, 또 내가 그들과 함께 그러했듯. 그러나 나는 자꾸만 아버지의 권위 있는 목소리에 눌리고 있다고 느꼈다. 아버지 앞에서 나는 자유롭지 않았다.

그래서 나는 우선 편지를 쓰기로 결심했다. 부모님에 대한 비판이 가득 담긴 편지를 썼다. A4용지 14페이지에 달하는 편지를 쓰는 데에 꼬박 3일이 걸렸다. 왜 편지여야 했을까. 나는 한 번도 아버지의 권위를 눈앞에 두고서 맘껏 자유롭지 못했다. 그러나 아버지의 마음을 헤아리는 것만은 잘했다. 그렇기에 아버지의 몸과 떨어진 채로 아버지의 마음과 우선 솔직한 대화를 나눠 보려 했다. 우리 부부가 짊어진 복잡한 빚의 상황을 오롯한 나의 목소리로 정리하면서.

현영이와 나만이 있는 안락한 우리 집에서 선명하게 떠오르는 아버지의 마음. 이 아버지를

F라고 하자. 눈앞에 없지만 상상의 거리를 두고 맞설 수 있는 권위 F. 나는 이 F를 내 앞에 세워두고 사이퍼를 시작했다.

편지는 "네가 아빠 엄마한테 화가 나는 이유가 있을 것 아니냐." 묻는 F의 물음에 답하는 것에서 시작한다. "안 그래도 저는 부모님께 연락드리지 않는 동안 제 분노의 이유를 찾아야 했어요. 조금은 평안한 상태에서요. 제가 연락을 드리지 않은 건 단순히 이 모든 일이 귀찮아서가 아니라, 신혼 시절부터 우리 부부의 삶에 드리운 마음의 병을 살피기 위해서였어요."

이어서 F는 다른 질문을 던진다. "행복하니? 행복하게 잘 살고 있어?" F는 내가 안쓰러워 보였나 보다. 나는 결혼한 후로 부모님과 나, 나와 현영의 관계 사이에서 고통받아 왔다. 그 고통을 부모님에게 전하기 위해 긴 편지를 쓰고 있는 나도 절절한 고통을 느꼈다. 하지만 행복은 고통 속에서도 찾을 수 있는 것 아닐까? 결혼이라는 독립운동의 행복이란, 원래 이렇게 아픈

가운데 나아가는 것 아닐까? 나는 F에게 말한다. "아버지 어머니는 제가 스스로 행복해도 된다는 생각이 들기 어렵게 만드는 조건이 되었어요. 저는 부모를 선택한 적 없지만 제 아내는 제가 선택했습니다. 제가 만들어 가는 저의 세계입니다. 제 행복의 조건이죠. 여기서 제가 겪는 고통은 '행복을 위한 고통'이에요."

아버지에게 하고 싶었던, 그러나 너무 가슴이 아파서 하지 못했던 말을 F에게 토해 낸다. "제가 행복하기 어렵게 만드는 비극적 조건의 당사자인 아버지가 제게 행복하냐고 묻는 게 너무도 부조리하게 다가왔어요. 모두가 이 행복과 불행의 당사자이기도 하죠. 그래서 저는 아버지가 구사한 의미에서 '행복'이란 단어를 받아들이기 어려웠어요." F는 한 마디 답도 못 한다. 무표정한 얼굴. 어쩌면 그래서 더 다정한 얼굴.

이제 좀 더 하고픈 말을 해도 될 것 같다는 생각이 든다.

저의 참된 삶은 부모님으로부터 발생하지 않아요. 제가 살아 있는 그 자체로 행복을 느낀다면 그건 부모님만이 아니라, 제가 부모를 떠나서 만나게 된 새로운 인연들에 감사해서죠. 새로운 인연을 만난 이후에야 제가 원하는 게 뭔지, 제가 원하는 세상과 삶이 뭔지 알게 되니까요.

그래서 독립으로서 결혼을 추구해야만 했던 것입니다. 그것이야말로 행복을 위한 고통이 시작되는 길이었습니다. 고통스럽지만 행복합니다. (……) 아버지가 제게 절연하자고 말씀할지도 모른다는 염려에도 불구하고 적은 글입니다. 제가 믿는 충효의 논리에서 적은 글이며, 아버지 어머니의 진실과는 많이 다를 것입니다. 저는 부모님을 법정에 올리기 위한 고발장을 적은 것이 아님을 알아주시길 바랍니다. 그저 저와 현영이가 진정 행복하려고 노력하는 것임을 알리는 글입니다.

속이 다 후련했다. 면전에서 하지 못했던

말들을 다 뱉어 낸 프리스타일. 그러나 동시에 편지라는 형식의 글이기도 했다. 글로 적자 상황이 선명해졌다. 현영이는 고통스럽게 편지를 쓰는 나를 보며, 다 쓴 편지를 읽어 주며 함께 아팠다. 나에게는 이 고통이 독립의 행복으로 이어지리라는 확신이 있었다. 이 행복을 아버지에게도 전달할 수 있으리라는 확신이 있었다. 이렇게 하면 내 말이 들릴지 몰라. 내 말을 들을지 몰라.

편지를 다 쓴 후 동네 도서관의 세미나실을 빌렸다. 아버지에게 문자를 보냈다. 조용한 곳에서 한 번 봐요. 편지를 2부 인쇄해서 세미나실로 향했다. 아버지는 역시나 호탕하고 다정한 얼굴로 들어오셨다. 편지를 나눠 가진 다음 내가 처음부터 끝까지 낭독했다. 서늘하고 살벌한 편지를 최대한 또박또박 담담하게 읽었다. 그러나 점점 목소리가 커졌고, 끝내는 눈물 콧물까지 쏟아냈다.

나는 편지 속 F와 그랬듯이 아버지와도 자

유로운 사이퍼를 나눌 수 있다고 믿었다. 그런데 눈앞의 아버지는 F와는 다른 사람이었다. 우리의 사이퍼는 실패했다. 애초에 닫힌 원, 닫힌 사이퍼였다. 솔직하지만 자유롭지는 못했던 언프리스타일 사이퍼. 단순히 즉흥 랩을 뱉지 못했기 때문만은 아니다. 나는 분명 솔직했고, 가슴 속에서 심장을 갉아 먹었던 분노를 모두 뱉어 냈지만, 나의 솔직함은 우리를 자유롭게 하지 않았다. 그저 서로를 휘감는 분노의 바다로 함께 침몰했을 뿐.

나의 편지는 신혼집을 둘러싸고 꼬여 버린 우리의 관계를 밝히려는 시도이기도 했다. 카프카가 아버지와 자신 사이 관계의 본질을 밝히는 글을 썼듯 나도 부모님과 우리 사이가 본질적으로 주인과 세입자 관계가 되었음을 확인하고자 했다. 아버지는 인정할 수 없었다. 분명 그 집은 선물이었기 때문이다. 오히려 우리 부부가 스스로 임차인처럼 느낀다는 사실을 우스꽝스럽게 여기셨다. "왜 너희 스스로를 을로 만드니. 아무도 강요하지 않았는데.”

아버지는 자식에게 집을 해 주는 것이 당신 평생의 꿈이었다. 그 집에서 우리가 행복하기만 하면 된다고 했다. 그게 효도라고 했다. 순수하게 장남 부부의 행복을 바라며 건네는 선물. 그런데 장남이 그 순수한 선물을 거부했다. 선물이 아니라 임대물이란다. 그래서 돌려주려고 나갔단다. 아버지는 당신의 선물이 더럽혀지고 있다고 느꼈을 테다. 평생의 꿈이 깨지려고 한다. 아버지는 깨진 조각들을 다급히 그러모으듯, 그러나 당당하게 말했다.

너희들이 나가고 싶어서 나간 것이니
어쩔 수 없는 것 아니냐.

나는 나대로 넘어갈 수 없었다.

아버지, 우리는 한편 내쫓긴 것입니다.
굳게 닫힌 문 앞에서 버티지 않고,

기다리지 않았던 것은 맞지만

그저 나가고 싶어서 나간 것이라뇨.

서로 인정하지 않았다. 아버지는 당신 부부가 우리 부부를 신혼집에서 내쫓았다는 나의 주장을, 나는 우리가 전적으로 원해서 나갔다는 아버지의 주장을 인정할 수 없었다. 아버지에게 우리는 값진 선물을 내버리고 나간 어리석은 부부였고, 내게 아버지는 부끄러운 셋집을 선물이라며 들이미는 골치 아픈 임대인이었다.

해석의 첨예한 갈등 속에서 우리는 서로의 말을 전혀 듣지 않고 있었다. 이런 게 사이퍼일 리가 없다. 무엇보다 재미가 없다. 각자가 허공에 말의 줄기를 뿜어낼 뿐 아무것도 오가지 않는 무미건조한 평행선. 이런 사이퍼를 누가 듣고 싶어 할까. 우리부터 서로의 말을 듣지 않는데.

사이퍼의 둥근 꼴을 닮은 세미나실의 원탁. 그것을 사이에 두고 마주 본 두 사람. 그러나 둘 사이에 그려지는 말들의 그림은 닫힌 사이퍼,

언프리스타일 사이퍼였다.

부모로부터 자유로워지기 위해 노력했던 나도, 아버지도 실제로는 전혀 자유롭지 않았다. 하나의 굳게 닫힌 문을 두고서 한쪽에는 아버지와 어머니가, 다른 쪽에는 나와 현영이가 있다. 우리에게 그 문은 집주인이 집세를 독촉하며 닫아 건 문이었다. 이제는 내 쪽에서 그 문을 열라고 독촉하고 있다. 나는 한 번도 부모님에게 뭔가를 독촉한 적이 없었다. 나를 내쫓은 닫힌 문을 열어 달라고 두드렸던 적도 없다. 그런 아들이 처음으로 문이 부서지도록 두드린다. 그러나 부모님 쪽에서 보기에 도리어 당신들이 열래야 열 수가 없을 정도로 아들이 문을 두드리고 있는 건 아닐까.

아버지의 다정한 얼굴 뒤에는 예전의 착한 아들과 너무나 달라져 버린 나를 대하는 당혹감이 있었다. 여느 때처럼 싹싹한 아들처럼 굴면서도 나는 강경한 태도를 굽히지 않았다. 차라리 유치한 욕을 주고받거나 실컷 오해하면서 서로 미워했다면 어땠을까. 거칠었던 대화는 어느새 다시 평소처럼 친한 부자의 웃음소리로 이어졌지만, 우린 서로를 전혀 이해할 수 없다는 사실을 확인한 채로 서늘하게 헤어졌다. 안녕하지 못한 안녕.

한참 시간이 흘러 아버지는 내게 문자 하나를 남겼다.

네가 뜻하는 대로 사는 것을 응원한다!
과거에 널 불행하게 하는 부모였다면
그런 줄 몰라서였을 거니.
이제 너의 자유로운 선택에 의한 삶을
후회 없이 살아가거라!
그간 너의 불행의 원인이었다면 너무 미안하다!
아빠도 나에 대한 냉철한 성찰에 들어간 지
오래다!
건강에 유의하고
하시라도 아빠와 나눌 이야기가 있으면
연락 편히 하거라!

나는 연락하지 않았다. 문자 너머로 느껴지는 아버지의 모습 뒤에 무엇이 감춰져 있는지 알아 버렸기 때문에. 당장이라도 닫힌 문을 열어줄 듯 편히 연락하라 말하는 그 호탕한 아버지는 원하든 원치 않든 우리 부부를 다시 그 문 앞에 세워 둘 것이기 때문이다. 우리가 문이 열리길 고대하는 초조한 어린아이로 찾아가지 않는 한, 그 문은 열리지 않을 테다. 그리고 나는 다시 또 그 문을 열라고 쾅쾅 두드리게 될 것이다. 무엇을 하든 제자리걸음이리라.

나와 아버지의 언프리한 사이퍼가 확인시켜 준 것은 애초에 우리는 프리할 수 없다는 사실이었다. 우리 둘의 사이퍼는 닫힌 원, 닫힌 문이었기 때문에.

N의 방주도 문을 닫았다.

사이퍼의 땅이자 땅이 된 사이퍼였던 N의 방주. N에 따르면 그 방주는 "철거"를 앞두고 있다. 얼마 전 오랜만에 상경한 N을 만났을 때 그는 말했다. "그 추운 데서 어떻게 살아요. 이제 접을 때 됐죠." 무엇이 그리도 추웠을까. 가장 근원적인 것부터 이야기하자면 그가 "마중물"이 되고자 했던 대구의 힙합 신이 메말라가고 있기 때문일 테다. 아마도 N이 "알파벳 M"으로 칭했던 것들, 매스 미디어와 머니로 설계된 매트릭스의 모래폭풍 속에서.

하지만 그 방주는 전부터 조금씩 닫혀 가고 있었다. N은 방주를 모두가 주인인 방주로 세우고자 했다. 세상이 홍수로 망가졌다는 염세 위에서 출발한 구원의 배, 그 "우주선"에는 정말 많은 사람이 오갔다. 놀다 가는 사람들, 잠깐 머물려다 눌러앉게 된 사람들. 방주는 이들 모두가 똑같이 주인인 곳이었다.

그러나 시간이 흘러 방주는 조금씩 변했다. 초창기 N과 함께 방주를 이끌었던 또 다른 인물 W가 있다. W는 방주에서 중간 관리자 역할을 했다. 방주에 사는 래퍼들에게 수금을 해서 그중 월세를 제한 돈의 일부는 공금으로, 나머지는 W의 생활비로 썼다. W의 관리 속에서 방주들은 "소파 하나랑 의자 하나", "노트북 작은 거 하나"로 시작해 조금씩 살림을 꾸려 나갔다.

N에 따르면 방주들에게 W는 이성, N은 감성이었다. 이 대비는 단순한 성격 차이가 아니라 방주라는 공간을 관통하는 두 개의 원리와도 같았다. 하나는 생계를 유지해야 한다는 현실적인 목적으로 공동생활을 통제하는 원리다. 또 하나는 상처 입은 사람들의 말을 들어주며 공동체로 품어내는 원리다. W에게 방주는 경제적으로 합리적이어야 하는 주거 공간, N에게 방주는 그런 합리성을 넘어서는 공동체적 가치의 장이었다.

얄궂게도 W는 N이 경멸하는 "알파벳 M" 이 경우 돈(Money)을 무엇보다 중요하게 여기는 방주였다. N은 점점 W의 관리를 횡포라고 여기기 시작했다. 모두가 주인이어야 할 방주에서 본인만이 주인인 것처럼 군다고 느꼈다. W는 다른 곳으로 이사를 나간 뒤에도 방주의 관리자 행세를 그만두지 않았다. W는 이제 그저 뒤집힌 M일 뿐이었다. N은 W의 횡포를 멈추기 위해 그를 쫓아내기로 한다. "돈을 밀어내기"로 한다. 공금으로 샀던 비품들까지 포함해서 방주의 공간 전체를 사들이는 방식으로.

하지만 W, 뒤집힌 M의 자리는 사라지지 않았다. N도 알고 있었다. W의 방식이 차갑고 폭력적으로 느껴졌더라도, 그 또한 방주를 지탱하기 위한 하나의 논리였던 것을. 뒤늦게 N은 W를 이해했다. 그리고 W의 자리를 대체하게 된다. 누군가는 공동체의 생활이 붕괴하지 않도록 계산하면서 생계를 관리해야 하니까. 점차 방주는 "안에 같이 사는 사람들끼리 잘되자는" 쪽으로 방향을 재조정한다. 밖으로 한없이 열려 있던 방주의 문이 안으로 닫히기 시작한 것이다.

N의 표현대로, 그는 "세대주이면서 관리자"가 되었고 방주들은 "세입자"가 되었다. 방주들의 방이 주인의 방이 아니라 셋방이 된 것이다. 이것은 방주가 "밖"을 향하던 시절 여러

사람을 받아들이면서 생긴 결과이기도 했다. 공동의 생활 공간의 질서를 유지하려면 합리적인 판단을 내리는 관리자, 마스터(Master)가 필요했다. 그것이 N이 담당해야만 했던 '뒤집힌 M'의 역할이다. N은 "원래는 규칙 같은 거 절대 없던" 곳인 방주에 규칙을 만들었다. 한없이 자유로워 보이던 생활에 규칙이라는 경계가 들어섰고, 모두가 주인으로서 열어 두었던 방문에는 모종의 '세'를 치러야 넘을 수 있는 문지방이 생겼다. 방주의 사이퍼는 조금씩 닫힌 사이퍼가 되어 갔다.

다시 2026년, 방주는 완전히 문을 닫을 준비를 하고 있다. 그러나 다시 만난 N의 눈은 반짝이고 있었다. '알파벳 M'으로부터의 독립을 외치며 열었던 공동 작업실 방주는 문을 닫았지만, N의 독립운동은 끝나지 않는다. 그는 본인이 세입자들을 거느린 집주인이 되었다는 것, 그래서 방주의 문이 닫혀 있다는 것을 스스로 통찰할 만큼 명민했다. 바로 그 명민함으로 이제 그는 오랜 방주를 닫는다. '세'로 닫혀 가는 문은 아예 걸어 잠그고, 방주들 모두가 자유로운 '새'가 되어 날아갈 불확실성의 세계를 열기 위해.

그는 다른 방주, 또 다른 우주선을 기획하고 있다. "앨범 작업하고 있어요." 대구 굴지의 앰프꾼, 방주의 건립자였던 N은 이제 그와 같은 새들이 자유로이 날아들 음악의 공원을 열려 한다. 그가 오랫동안 꿈꿔 왔던 '앨범'이라는 형태로.

노래 공원의 독립운동도 끝나지 않는다. N만큼 명민하지 않은 나는 너무 늦게 깨달았지만, 이제는 부모님과 우리를 갈라 놓는 문이 열리지 않으리라는 것을 안다. 닫힌 문은 닫힌 문이다. 나는 이 서늘한 사실을 냉정하게 받아들이련다.

자유는 독립을 보장하지 않는다. 자유롭게 휘갈긴 나의 편지가 아버지의 마음의 문을 열지 못했듯이 노래 공원의 독립운동은 끝내 신혼집의 닫힌 문을 열지 못할지도 모른다. 그런데 꼭 그 문을 열어야 할까? 우리는 이미 공원이 아닌가? 프리스타일 사이퍼는 공원에서 해야 참맛이고 제멋이다. 지나가는 수많은 사람이 지켜볼 수 있는, 다양한 시선들이 부지불식간에 교차하는 그 원초적이고 익명적인 복잡성 속에 놓인 공원. 우리가 그런 사이퍼의 공원이 되면 된다. 이 글의 목적은 그런 사이퍼를 주최하는 것이다.

열린 문의 공원

독립은 자랑스럽기도 수치스럽기도 한 일이다. 한편으로 부모에게 진 갚을 수 없는 빚을 인정하면서, 다른 한편으로 부모와 상관없는 나만의 존재 근거를 마련하는 일은 모순적인 것들과 공존해야만 하는 일이다. 굳게 닫힌 문을 두고 펼쳐지는 가족 드라마는 다시 또 그 문으로 회귀하여 모두가 계속해서 고통받는 결말로 끝나기도 한다.

당기려 해도 밀어내려 해도 팽팽하게 맞서는 양쪽의 힘 사이에 굳게 닫힌 문. 그렇게 영원히 서로를 고통 속에 내버려두는 그 문을 열려면 우리는 문 자체를 새롭게 상상해야 하지 않을까.

누군가에 의해 닫히고 열리는 문이 아니라 언제나 열려 있는 문을 한번 상상해 보자. 프랑스의 개선문과 같은 문. 라오스 수도 비엔티안에 있는 빠뚜사이 독립기념문은 프랑스 식민지 시기 이후에 맞이한 독립을 기념하기 위해 1968년에 건립되었다. 구조적으로 프랑스의 에투알 개선문을 참조했으나 장식과 조형은 전통 라오스 불교 미학과 신화적 상징을 반영하고 있다. 이 문의 독특성은 탈식민 국가의 자기 표상이 프랑스 식민 제국의 기념비 형식을 차용하면서도, 그 내용을 자국의 문화로 전유한다는 점에 있다. 그 문은 자랑과 수치의 교차를 억압하지 않고 그저 흘려보내듯 연주하며 어떤 창조를 성취한다.

이 글은 그런 독립문을 발명해 보려는 시도다. 나는 우리 부부와 마찬가지로 닫힌 문의 좌절을 맛보았던 카프카와 쉬퍼휴즈, 그리고 N과 같은 래퍼들로부터 닫힌 문을 억지로 비틀어 열지 않고 스스로 열린 문을 짓는 방법을 배웠다.

빠뚜사이 독립기념문의 아치 아래를 오가며, 또 문 안팎을 수놓는 상징들을 어루만지며 흐르는 자랑과 수치의 대위법. 그것은 어떤 노래인가? 무엇보다 식민 제국 프랑스에 대한 어떤 메시지다. 고맙다! 형식을 빌려줘서. 근데 우린 제멋대로 할 거야.

나는 우리를 닫힌 문 앞에 세워 둔 부모님에게 감사하다. 그 문이 없었다면 닫힌 문을 비틀어 열려던 나의 처절한 실패도, 현영이의 눈물도, 그 모든 것을 값으로 치르고 세울 열린 문도 없었을 테니까. 그러나 이제 우리 멋대로 하련다. 랩을 하련다. 홀로 서길 염원하는 간절한 노래를.

노래 공원

[Verse 1]

Yo 열린 문을 지어 더는 기다리지 않아

그대가 문을 여는 그때

닫힌 문 앞에서 참 많이 울었네

난 물었지 문을 닫아건 게 무얼지

온실 속 화초의 삶 뿌리째 뽑아내

태초의 땅으로 다시 돌아갈게 마음대로 공연해

공원에서 모두 다 함께

부모님이 바랐던 행복한 삶

현영이와 제멋대로 누릴 거야

평생 받은 값진 빚을 갚을 자유

우릴 옥죈 빚진 값이 됐지

나는 또 묻지 결혼한 후 주셨던

신혼집 문의 비밀을

그대 맘 걸어 잠그며 쫓겨난

굳게 닫힌 바로 그 문을

[Hook]

열린 문을 짓는 랩을 해 세울래 우리의 Song and Park

열린 독립문의 노래 공원에서 함께 홀로 서기 위해

빠뚜사이처럼 자랑해 우리 모두의 프리스타일

아치 사이로 흘려 보네 모두의 독립 노래

[Verse 2]

함께 세를 냈던 그때

어느새 N의 방주 닫을 때가 다 됐네

금세 새는 자라 둥지 밖으로 날아

서쪽 숲을 찾아 모험을 떠났네

어둡고 차가운 복도와 쫓겨난 문도 무서워

불안에 떠는 나도

다른 애가 되어 아픈 맘 꺼내고

아버지에 맞서 마지막 사이퍼 시도

했지만 이젠 어린 날 그대로 환영해

전혀 다른 문을 열 테니

발코니로 쫓겨난 카프카 자라서 됐지

자랑스런 수치의 소설가

집을 뛰쳐나간 대구의 래퍼 자라서 됐지

위대한 방주의 예술가

너도 자라야 돼 재홍아 넌 뭐가 될래 어쩌면 작가?

[Hook]

열린 문을 짓는 랩을 해 세울래 우리의 Song and Park

열린 독립문의 노래 공원에서 함께 홀로 서기 위해

빠뚜사이처럼 자랑해 우리 모두의 프리스타일

아치 사이로 흘려 보네 모두의 독립 노래

[Verse 3]

우린 서 있네 이 둥근 원에 그대도 서 줄래

우리 노래 공원에

자랑스러울지 몰라 상처가 많은 나와 너를

품을 바로 이 기묘한 책

주고 싶어 선물 like 오이디푸스

못 볼 꼴을 한 고문당한 몸은

아름다움보단 거기 숨겨진 많은 가치를 품고 있지

마치도 꿈

열어 젖힌다 자유의 땅 독립의 땅

나의 당당한 권위 나도

세우려네 그러니 힘을 보태줘

세상 모든 아이들의 원기옥

모든 아들과 딸들 시발 성공할 거야

내 책 간절하게 써 낸

나의 노래 너의 노래 우린 랩을 해, microphone

check

[Hook]

열린 문을 짓는 랩을 해 세울래 우리의 Song and Park

열린 독립문의 노래 공원에서 함께 홀로 서기 위해

빠뚜사이처럼 자랑해 우리 모두의 프리스타일

아치 사이로 흘려 보네 모두의 독립 노래

감사의 말

석사 논문에 감사의 말을 남기지 못한 것을 이토록 후회할지 몰랐다. 인류학자들은 논문을 쓰는 과정에서 연구 대상과 참여자에 대한 다소 잔인하고 반듯한 거리 두기를 실천하지만, 곳곳에 참여자들에게 받은 신용(credit)과 부채(debt)의 흔적을 남긴다. 나의 글도 마찬가지다. 이 책을 통해 '감사의 말'을 단행본 전체로 확장하는 시도를 했다.

그러나 이 글은 부모님에게 하나의 폭력이다. 왜 이런 글을 써야 했을까. 무엇보다 부모님이 노래 공원에 남긴 심대한 영향을 과소평가하고 싶지 않았다. 연락 두절의 상태를 두고서 그저 언젠가 연락이 다시 닿으면 아무 일도 없던 것처럼 모든 게 해결될 거라는 식으로 외면하고 싶지도 않았다. 내 인생에 중요했고 중요할 존재를 보다 진지하게 돌아보고 싶었다. 그때는 도저히 헤아리지 못했던 선물의 무게와 깊이를 이제 조금은 이해할 수 있을 것 같다. 한동안 부모님께 드리지 못한 말씀을 이 책을 빌어 꼭 드리고 싶다. 어머니 아버지, 사랑합니다.

나의 이야기가 그저 한 개인 또는 한 부부의 특수한 문제로 국한되지 않을 것이라는 믿음이 글을 쓰게 도와주었다. 부모와 맺어진 자랑스러운 선물 관계에서 갚을 수 없는 부채감과 수치스러움을 느끼는 사람들, 모두의 독립운동을 응원한다. 모든 억압받는 자에게 주어진 사명이란, 윗사람 속에 숨겨진 아랫사람을 보듬고 아랫사람 속에 숨겨진 윗사람을 발굴하는 일이다. 서로 안에 이미 자리하고 있는 의존과 책임의 흔적을 직면하며 새로운 관계의 가능성을 만들어 가는 일.

그 순간을 피하지 않을 용기를 알려준 래퍼들이 없었다면 수치심을 수치심으로 인식할 수도, 부모님에게 대항할 수도, 노래 공원을 발명할 수도 없었다. 다시 한번 현장에서 만난 래퍼들 모두에게 감사의 말을 전한다.

땅 시리즈 참여를 아낌없이 격려해 준 웬아유가 없었다면 이러한 잡종의 글을 시도할 수 없었을 것이다. 웬아유는 현장연구로 발견해 낸 질문과 답을 통해 살기 좋은 도시를 함께 만들자는 큰 뜻을 가진 집단이다. 삶터에서 늘 발명을 일삼는 이들 덕분에 제도권의 팍팍한 관료주의에 숨이 막혀 죽지 않을 수 있었다. 홍성훈, 리카, 안섭민. 모두 감사하다.

그리고 웬아유에게 출판할 기회를 준 민음사에게 감사하다. 특히 편집자 김세영의 침착한 인내와 확고한 결단이 없었다면 땅 시리즈는 시작도 마감도 할 수 없었을 것이다. 우유부부단(優柔不不斷).

또한 이 글은 집사람의 힘이 없었다면 나올 수 없었다. 집사람은 인류학과 글쓰기를 함께 하는 자그마한 집단이다. 글 쓰는 몸과 마음을 만들기 위해 음악, 연극, 문학, 애니메이션 등의 다양한 예술로 감각과 정신을 일깨웠던 유레카의 나날들. 최남주, 김주영, 이정행, 신현정. 모두 감사하다. 귀신같이 나타나 내게 사이퍼를 신청해 주어 가슴속 막힌 혈을 뚫어 준 남주의 덕분은 언급하지 않을 수 없다.

마지막으로 결혼 전부터 결혼 생활 내내, 인류학 현장연구와 학위 논문 집필 과정 내내 온갖 갈등과 고통 속에서도 나를 믿고 용기를 잃지 않은 현영이에게 정말 감사하다. 너는 네가 없었다 해도 내가 잘 살아갔을 것이라 말했지만 내 생각은 다르다. 공원이 없었다면, 네가 없었다면 난 자유로울 수도 바뀔 수도 없었다. 무엇보다 사랑이라는 이름의 자유로운 구속이 주는 값진 삶의 형태를 만끽할 수 있게 해 주어 감사하다.

참고 문헌

마르셀 모스, 박세진 옮김, 『증여론』(파이돈, 2025).

송재홍, 「지방 도시에서 래퍼로 살아가기: 대구 래퍼의 라이프
　　　스타일 형성과 상호 존중에 관한 민족지적 연구」, 서
　　　울대학교 석사학위 논문(2022).

──── , 「래퍼들의 갤럭시」, 《한편》 15호 '독립'(민음사,
　　　2024).

이수유, 「'라포' 다시 생각하기: 현장연구 참여자들과의 관계에
　　　대한 성찰적 소고」, 실천민속학회 제50차 전국학술
　　　대회 발표문(2024).

프레데리크 그로, 백선희 옮김, 『수치심은 혁명적 감정이다』
　　　(책세상, 2024).

Franz Kafka, Brief an den Vater(Frankfurt am Main, 1978).

Georg Wilhelm Friedrich Hegel, Phänomenologie des
　　　Geistes(Bamberg und Wurzburg: Joseph Anton
　　　Goebhardt, 1807).

Nancy Scheper-Hughes, "Ire in Ireland," Ethnography 1(1)
　　　(2000).

Richard Sennett, "Authority and Freedom," The Kenyon
　　　Review, New Series 2 (2)(1980).

대담 — 독립하는 글쓰기

송재홍,

홍성훈,

김이향(리카),

김세영

세영　　《한편》 '독립'에 「래퍼들의 갤럭시」를 써 주셨어요. 래퍼들과 사이퍼 하며 연구자가 자기만의 질문을 발견해 내는 이야기였는데요. 이번 책은 송재홍 자신이 원가족으로부터 독립하는 이야기입니다. 결혼과 가족은 글쓰기의 단골 주제인데요. 부모에게 받은 헤아릴 수 없는 선물이 빚이 되었을 때 그걸 어떻게 갚을까?라는 질문으로 결혼을 보는 시각이 새로웠어요. 땅 시리즈 작업이 어땠나요?

재홍　　인류학에는 현장, 영어로는 필드가 있는

데, 이게 땅이랑은 뭐가 다를까 생각을 많이 했어요. 이번에 글을 쓰면서 인류학자들이 글을 어떻게 쓰냐에 따라 현장이 마치 플랫폼처럼 추상적인 공간으로 붕 뜰 수 있음을 알게 됐어요. 들판을 뜻하는 필드가 물리학에서 힘의 함수로 이루어진 선험적 시공간이듯, 현장도 각각의 삶에서 터득한 토착적 개념과 무관한 개념처럼 쓰일 수 있는 거죠. 사회과학적으로 현상을 분석하는 과정에서 그런 일이 더 자주 발생하는 것 같아요. 추상적으로 현장을 다룬 글은 필드를 보여 줄 수는 있겠지만 독자를 직접 땅으로 초대할 순 없다고 생각해요.

그런데 인류학자는 자기의 해석 또는 인류학 이론의 해석을 현장에서 만난 사람들의 해석과 충돌시키고 그 파열을 끌어 안으면서 인류학 이론을 바꿔야 하죠. 그러면 현장의 사람들은 그저 묘사되는 것이 아니라 함께 인류학의 토양을 고르고 그 땅 위에 설 수 있어요. 지금 우리가 하고 있는 작업은 개념을 가지고 와서 그걸 그대로 적용하는 게 아니잖아요. 이 시리즈의 목적은 살면서 느끼는 실존적 문제를 그대로 활용해서 인류학을 다시 보게끔 하는 것에 있다고 생각해요.

성훈의 언제니, 리카의 자이니치, 저의 값진 빚과 빚진 값 모두 기존 인류학에서 통용되는 언어로는 충분히 설명될 수 없는 토착적 개념이라고 생각해요. 마치 쿨라, 하우, 마나, 포틀래치, 토템이 원래는 인류학 개념이 아니었던 것처럼요. 관습적으로 쓰이는 이론으로 수렴하지 않고 자기 언어로 자기 삶을 설명해 내려는 시도가 모두의 글에 배어 있기 때문에, 오히려 필드가 아닌 땅으로서 현장이 잘 드러났다고 생각합니다.

리카　　이 글이 용감하다고 느꼈어요. 부모가 자녀에게 주는 무상의 사랑과 그 이면에 존재하는 호혜성을 이렇게 집요하게 파고든 글은 저에게 처음이었어요. 이 책을 세상에 내놓은 용기에 박수를 보내고 싶습니다. 제 글을 보고 부럽다고 말씀하셨지만, 저는 오히려 이렇게 단단하게 부모와 마주한 송재홍이 더 부럽고 멋지다고 생각해요. 마치 문이

없는 '노래 공원'으로 초대받아 한 바퀴 돌아본 듯
한 기분이 들었어요.

성훈　　　래퍼 이야기가『날로 노는 홍대』랑 자유
로운 느낌으로 비슷하게 묶일 수 있어요. 하지만
실제는 내가 홍대에서 날라리 생활한 거랑 완전히
다른 이야기죠. 나는 구속이 없는 상태예요. 송재
홍은 이중구속의 거듭제곱이고. 그런데 원고가 완
성될수록 두 글이 묘하게 얽히고 있어요.『날로 노
는 홍대』가 홍대에서 스스로 태어나고 일어선 '나'
가 홍대에서 날로 놀다 이 생명 다하고 죽은 이야
기라면 송재홍은 이번 작업을 통해 스스로 래퍼로
변신하면서 부모로부터 처음 독립을 하죠. 그런데
뭐가 죽은 자리에서 뭐가 새로 태어나기 마련이니
까.『다음 리카에게』도 리카가 책을 쓰면서 리카만
의 땅을 개척하는 독립기로 읽을 수 있죠. 그렇게
세 책이 자연스럽게 연결되어 흐르고 소용돌이치
는 게 이 시리즈가 시리즈로서 값질 수 있는 이유
라고 생각합니다.

리카　　래퍼가 공원에서 랩을 할 때 중요한 건 제삼자의 시선이라고 생각했어요. 폐쇄된 공간에서도 충분히 랩을 할 수 있지만 굳이 공원에서 하는 이유는 그걸 객관적으로 바라보는 사람이 필요하기 때문이죠. 이 글을 쓰는 것 역시 노래 공원이라는 부부끼리 만들어 낸 브랜드를 세상에 알리는 거잖아요. 물론 최종적인 제삼자는 부모님이겠지만 이미 독립이 시작됐다는 생각을 했어요.

성훈　　송재홍은 이번 글쓰기가 온몸이 빠개지는 정도의 고통이지 않았을까. 대신에 독립을 해내고 있는 거니까 고통이라기보다 고행으로서 스스로 자부해도 좋을 것 같아요. 부족한 그대로 내가 나를 솔직하게 드러내고 사이퍼를 뱉어서 저자로 일어서려는 노력이 눈물나게 아름답습니다.

재홍　　혼자 글쓰기를 하다 보니까 어느 순간 막혀 버린 거예요. 마음 깊은 곳 어딘가에 숨겨 놓은 채 문을 걸어 닫아 놓은 기억을 더듬던 순간이었어

요. 그런 기억들을 써야 할 때가 되면 문장이 중언
부언해지고 무엇을 말하고 싶은지가 잘 드러나지
않았죠.

그러던 중 한동안 연락이 안 됐던 친구에게 오랜만
에 연락이 왔어요. 그 친구는 힘든 상태에서 이제
갓 회복한 단계였고, 저는 글 쓰면서 지금 막 힘든
단계였는데요. 갈 길도 앞 길도 꽉 막힌 원고를 보
면서 둘이 신들린 듯 신나게 사이퍼를 했어요. 내
가 어떤 글을 쓰고자 했는지, 내게 어떤 일들이 있
었는지. 일단 쓰기 전에 입 밖으로 음성으로 뱉어
내니까 생각이 형태를 띠게 되었어요. 그러면서 겨
우겨우 돌파했던 것 같아요.

성훈　　민족지든 인류학이든 거기에 '나'가 저자
든 관찰자든 참여자든 단순히 이름으로 들어가냐
마냐가 중요한 게 아니라 그 작업을 고통스럽게 하
면서 실제로 변신하는 게 중요해요. 사람이 몸으로
사람을 다루는 거니까. 인류학이 다른 분과 학문이
랑 다르게 다른 사람들을 넉넉하게 끌어안을 수 있

는 비전은 이거밖에 없어요. 누구나 이 감각적 체험을 글이든 그림이든 영화든 생음악이든 랩이든 다양한 형식으로 시도해 볼 수 있거든요. 리카도 분명히 영화로 찍을 때와는 다른 내면의 것을 글로 쓰다 보니까 영화감독 리카 때와 또 다른 리카로 변신했다는 거잖아요.

리카　　래퍼들과 같이 사이퍼를 하면서 어떻게 부모님과의 관계를 재해석하게 되었는지 궁금해요.

재홍　　가족 갈등이 점점 고조될 때 대구의 사이퍼 땅에 첫 발을 디뎠어요. 래퍼들과 사이퍼하면서 부모와 소통할 때 제 자신이 솔직하지 못했다는 생각을 처음으로 하게 됐죠. 그전에는 부모님과 솔직하게 소통하는 줄 알았어요. 그런데 알고 보니 부모님을 문제시하지 않는 '솔직함'이란 가면을 써야만 했던 거였고, 그것에 대해서 깊게 생각해 본 적이 없었다는 걸 깨달았어요. 물론 가면은 그 기

능과 효용이 명확한 사회적이고 사교적인 기술이죠. 그 자체를 부정하는 건 아니에요. 다만 모든 걸 지원받는 아들로서 가진 염치가 오히려 내 자신의 자유를 갉아먹으니 어느 하나 당당한 게 없었죠. 그때 래퍼들을 만나면서 솔직하려면 부모님과 맞서야 한다는 걸 알게 됐어요. 래퍼들은 맞서요. 상대방 기분이 나쁠 수 있는 말도 해야만 한다면 해 버려요. 솔직함의 기준은 각자 다르기 때문에 실제로 서로 감정이 상할 수도 있죠. 그 선을 넘어요. 그렇다고 관계가 파탄 나는 건 아니기 때문에. 사이퍼의 형식이 그런 걸 허용해 줘요. 서로 선을 넘어서 싸우지만 다시 관계 회복을 위해 선 안으로 돌아와요. 재미있게 맞서니까. 부모님하고는 재미있게 맞서 본 적이 거의 없었던 거죠.

성훈　　솔직할 수 있는 조건, 그중에서 특히 물질적 조건이 만들어져야 하지 않을까요? 책에서 자유로운 구속이라는 표현을 썼지만 구속하지 않고도 충분히 자유를 안전하게 누릴 수 있다고 생각해요. 구속이 아니라 그 어떤 위험한 짓을 해도 안전하다는 믿음을 줄 수 있어야 송재홍처럼 소심한 친구들도 안 쫄고 당당하게 솔직할 수 있죠. 앞으로 더 솔직한 사람으로 거듭나 다른 사람까지 솔직할 수 있는 조건을 함께 만들기를 바라요. 그래야 우리가 땅 시리즈로 개척하려는 학술 땅에 놀러올 다른 저자와 독자들도 마찬가지로 마음껏 자유롭게 솔직할 수 있겠죠.

재홍　　구속을 어떻게 보느냐는 열려 있는 문제 같아요. 한편으로 종속일수도 있지만 다른 한편으로 소속이자 의존일 수도 있어요. 저는 이 양가적인 측면을 값진 빚과 빚진 값이라는 표현으로 포착하려 했어요.

우리 모두 부모로부터 받은, 계산할 수도 청산할 수도 없는 값진 빚이 있잖아요. 이 빚을 자유롭게 갚고 싶었어요. 빚을 갚을 자유. 부모님은 값진 선물과 함께 그건 못 주신 것 같아요. 그러다 보니 점차 저희 부부에게 빚진 값이 청구되는 상황으로 이어진 거죠. 제가 부모님으로부터 독립한다는 것은 그 자유로운 구속을 성취하는 독립운동이에요. 당신께서 기꺼이 주신 생명과 선물을 내 방식대로 제멋대로 자유롭게 갚아 나가겠다는 의지죠. 래퍼들의 독립운동도 이 자유로운 구속을 향한 의지라고 생각했어요.

리카　저자가 F, 아버지와 사이퍼를 시도했다가 실패하는 장면이 인상 깊었어요. 그동안 사이퍼는 사회의 위계, 가정 내 폭력, 공동체에서의 소외감 등으로 고민하는 래퍼들에게 목소리를 부여해 왔고, 그 공간은 누구나 들을 수 있는 공원이었어요. 하지만 그것은 어디까지나 래퍼들에게 직접적인 '당사자'가 없다는 조건에서 가능했던 것이 아닐까 하는 생각이 들었어요.

독립이란 당사자와 맞서 싸워 이기는 것이 아니라 또 다른 문을 여는 일이라는 것. 이는 저자가 말하는 '자유로운 구속'과도 연결되는 것처럼 느껴졌습니다. 저자가 F와의 사이퍼에서 실패한 장소가

도서관이라는 폐쇄된 공간이었다는 점 역시 상징
적으로 다가왔어요.

재홍　　　사이퍼에서도 래퍼들이 직접적인 당사
자와 디스를 벌이는 일은 종종 있습니다. 가끔은
서로 맞서 싸워 이기려고 하는 경우도 있죠. 그렇
게 경직되어 가는 주제의 흐름을 자유롭게 전환하
고 주재하는 사회자가 거기에 있다면, 래퍼들의 솔
직한 래핑은 보다 자유롭게 서로를 놀려 먹고 다시
리스펙트하는 사이퍼가 될 수 있어요.
저는 편지를 통한 F와의 사이퍼에서도, 아버지와
대면한 세미나실의 사이퍼에서도 자유로운 구속
을 만끽하지 못했어요. 어쩌면 그건 사이퍼에서 직
접성과 매개성의 문제보다도 제삼자, 사회자의 존
재가 중요하기 때문인 것 같아요. 당시 저는 직접
적인 소통에 대한 바람, 그저 당사자들이 솔직하기
만 하면 모든 게 해결될 거라는 바람이 너무 컸던
것 같아요.
흥미로운 것은, 제 이야기가 도서관 구석의 세미나

실이 아니라 불특정 다수의 독자에게 열린 도서관 자체에 등록된 공적 존재가 되어야만 자유로운 구속을 성취할 수 있다는 점이에요. 지금 생각해 보니 리카 말대로 도서관 세미나실의 닫힌 문을 열고, 도서관이라는 공원이 되는 일이기도 했네요.

세영　　　그럼 저자는 이 책에 사회자가 있다고 보는 건가요? 아버지와의 사이퍼에서는 누가 사회자가 될 수 있었을까요?

재홍　　　저는 이 책 자체를 열린 사이퍼로 보고 있어요. 책으로 쓰여 세상에 나오는 순간 이 이야기는 저와 아버지만의 닫힌 대화가 아니라 독자라는 제삼자의 시선과 개입이 가능한 공적 공간으로 이동하죠. 그런 의미에서 분명 사회자가 있다고 생각해요. 다만 그 사회자는 한 사람으로 고정된 인물이 아니라 독자이자 시간이며 때로는 글쓰기라는 형식 그 자체이지 않을까요. 아버지와의 사이퍼에서 그런 제삼자의 존재는 없었죠. 가족 바깥의

신뢰할 수 있는 친족, 상담가, 혹은 두 사람 모두 존중할 수 있는 중재자. 이 책의 글쓰기 과정 자체가 뒤늦게 그 역할을 하고 있는 것 같아요.

리카　　이 책을 관통하는 것은 '선물을 받는 사람의 고통'인 것 같아요. 저 역시 아직 젊고, 살아가면서 주는 것보다 받는 일이 더 많기 때문에 이 부분에 깊이 공감할 수밖에 없었습니다. 다만 호혜성으로부터의 자유를 꿈꾸는 것은 어쩌면 '받는 사람'의 특권이라는 생각이 들었는데, 어떤가요? '주는 사람'에게 독립이란 과연 무엇인지도 궁금합니다. 인간을 단순히 주는 사람과 받는 사람으로 이분법적으로 나눌 수는 없겠지만, 저는 이제 시선을 돌려 저자의 부모님이 지닌 구속에 대해서도 생각해 보고 싶어졌어요.

재홍　　이 글은 받는 사람이 주는 사람이 되어 가는 과정 중 하나로서, 그리고 자녀가 다시 자녀를 낳아 부모가 되는 방식은 아닌 과정으로서 쓰였어요. 그래서 주는 사람의 구속에 대해서는 담지 못했는데, 질문해 주셔서 이렇게나마 생각을 남길 수 있겠네요. 선물의 특성상 주는 사람은 자유롭고 무상하고 관대한 선물을 주고 싶어 해요. 자발적이어야 하고 또 그렇게 보여야 하죠. 하지만 동시에 그 자발성과 관대함에 대한 의도, 인정, 바람은 굉장히 일방적이에요. 그러니까 '주는 사람'의 특권이란 것이 존재하죠.

하지만 그 특권은 동시에 무거운 구속이기도 해요. 주는 사람은 선물을 통해 자신의 사랑과 의도를 전하고자 하지만, 그 선물이 어떻게 받아들여질지 통제할 수는 없잖아요. 오히려 바로 그 통제 불가능성 때문에 더 강한 인정의 욕망이 생기기도 하는 것 같아요. 내가 준 것이 값지게 받아들여지기를, 내 마음이 상대의 삶 속에서 어떤 방식으로든 이어지기를 바라게 되죠. 부모님 역시 그런 구속 속에 있었을 거라고 생각해요. 자녀에게 준 사랑과 지원이 흩어지지 않고 자신이 믿는 좋은 삶의 방향으로 이어지기를 바라는 마음이겠죠. 그래서 주는 사람

의 독립이란 어쩌면 자신이 준 선물이 반드시 자신
의 의도대로 도달하거나 되돌아오지 않아도 된다
는 사실을 받아들이는 일, 선물을 준 이후에는 그
것이 상대의 삶 속에서 전혀 다른 형태로 살아갈
자유를 허락하는 일일지도 모르겠습니다.

래퍼와 공원

1판 1쇄 찍음 2026년 4월 3일
1판 1쇄 펴냄 2026년 4월 17일

지은이 송재홍
발행인 박근섭, 박상준
펴낸곳 (주)민음사

출판등록 1966. 5. 19. (제 16-490호)
서울특별시 강남구 도산대로1길 62(신사동)
강남출판문화센터 5층(우편번호 06027)
대표전화 02-515-2000
팩시밀리 02-515-2007
www.minumsa.com

ⓒ 송재홍, 2026. Printed in Seoul, Korea

978-89-374-9255-6 04300
978-89-374-9250-1 세트

잘못 만들어진 책은 구입처에서 교환해 드립니다.